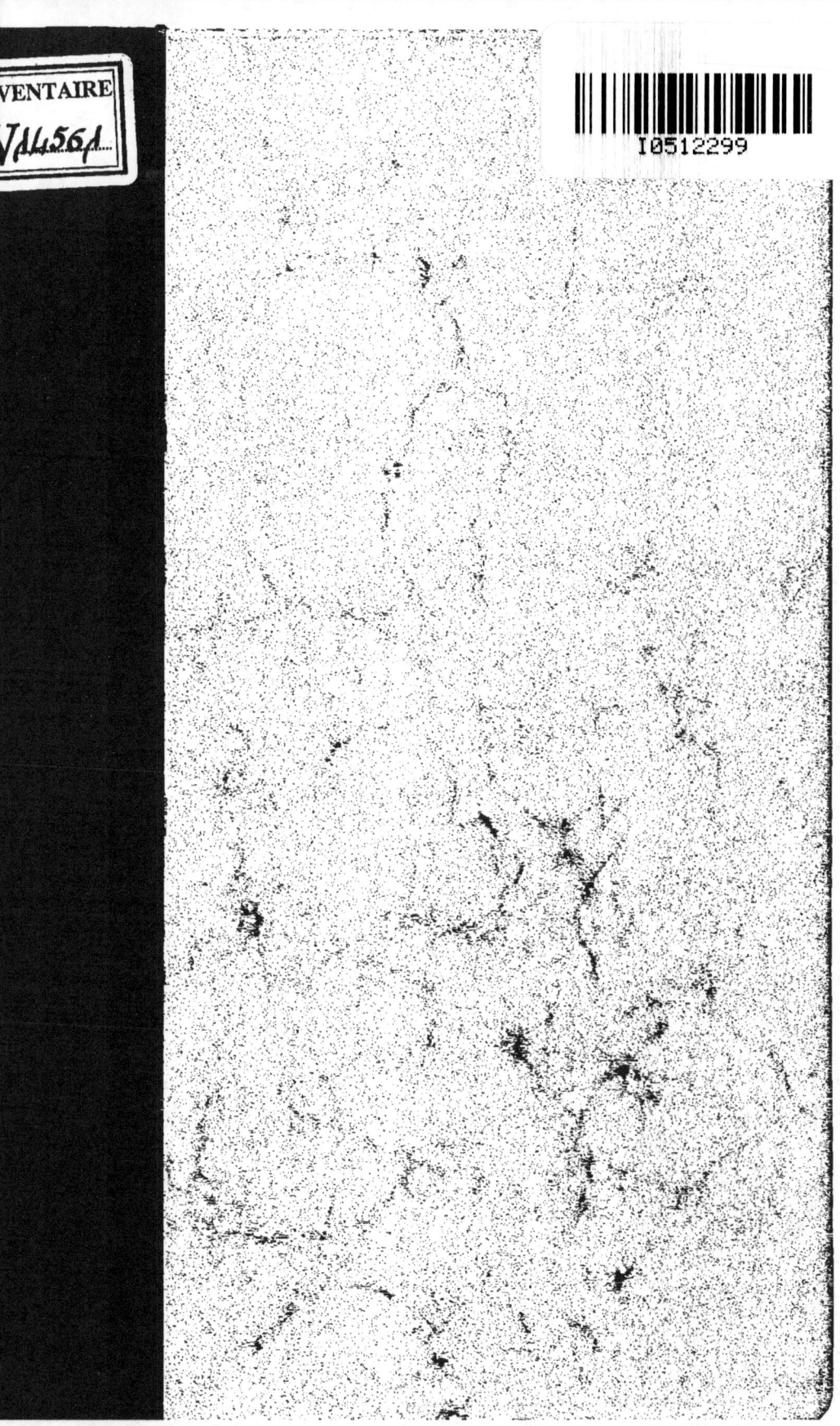

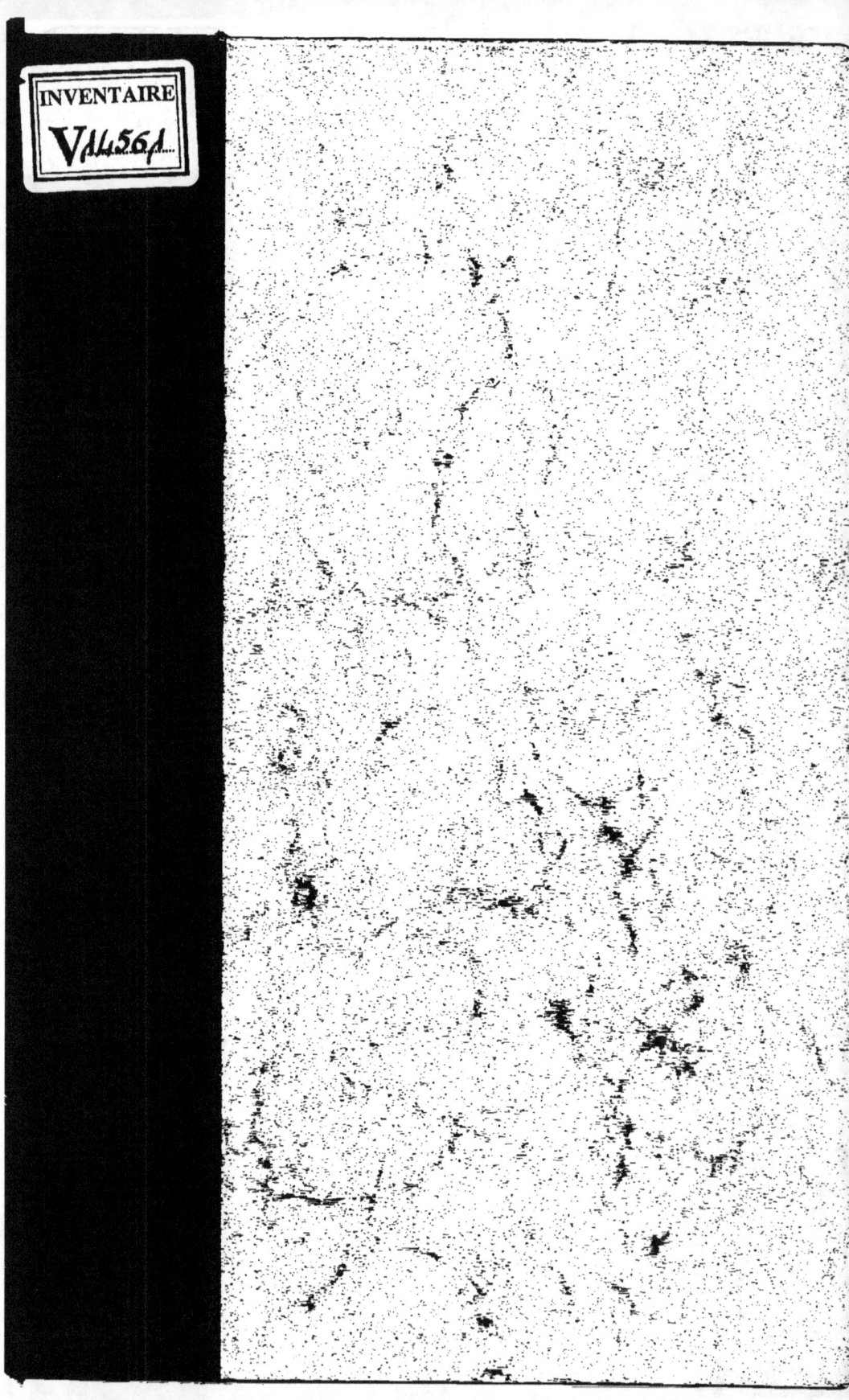

INVENTAIRE
VAL.56.1....

BEAUX-ARTS

ANTOINE ETEX

ESSAI
D'UNE
REVUE SYNTHÉTIQUE
SUR L'EXPOSITION UNIVERSELLE DE 1855

SUIVI D'UN

COUP D'ŒIL JETÉ SUR L'ÉTAT DES BEAUX-ARTS
AUX ÉTATS-UNIS

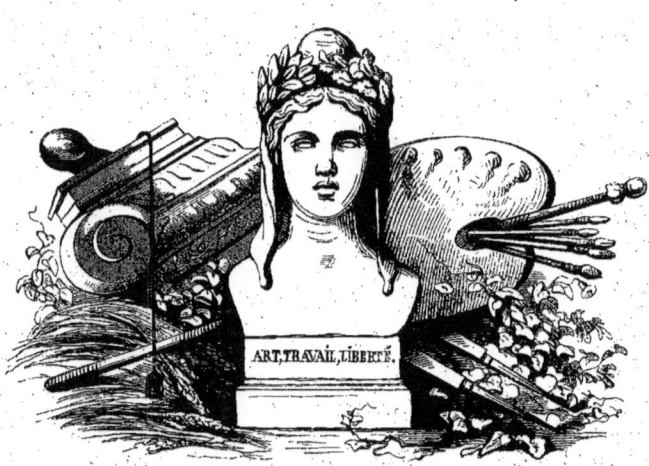

PEINTURE. SCULPTURE. ARCHITECTURE.

PARIS
CHEZ L'AUTEUR, RUE DE L'OUEST, 80
(2, RUE CARNOT)
1856

ESSAI

D'UNE

REVUE SYNTHÉTIQUE

SUR L'EXPOSITION UNIVERSELLE

DE 1855

Paris. — Imprimerie de L. MARTINET, 2, rue Mignon.

ESSAI

D'UNE

REVUE SYNTHÉTIQUE

SUR L'EXPOSITION UNIVERSELLE

DE 1855

SUIVI D'UN

COUP D'ŒIL JETÉ SUR L'ÉTAT DES BEAUX-ARTS AUX ÉTATS-UNIS

PAR

ANTOINE ETEX

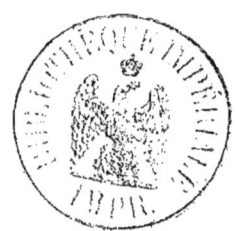

PARIS
CHEZ L'AUTEUR, RUE DE L'OUEST, 80
(2, RUE CARNOT)

1856

DISCOURS

PRONONCÉ

SUR LA TOMBE DE PRADIER.

Messieurs,

Qu'il soit permis au plus ancien des élèves de M. Pradier d'accomplir un devoir sacré, en apportant sur cette tombe à peine ouverte leur part de douleur vraie, de reconnaissance et de regrets.

La vie de M. Pradier se résume dans sa passion pour son art, surtout depuis le jour où il découvrit avec d'autres camarades de son temps, parmi lesquels se trouvait Géricault, toute la sublimité des sculptures du Parthénon ! Ce fut pour lui une révélation. Dès ce moment son atelier devint son sanctuaire, l'amour de la forme son idéal, l'art des Grecs son idole, sa foi, son flambeau.

Ceux qui ont eu le bonheur de vivre dans son atelier pourront vous dire avec quelle générosité paternelle il mettait au service de ses élèves ses dessins les plus précieux, ses calques, ses fragments rapportés de Rome. Chez lui, dans son atelier, tout était à ses disciples. Leur affliction près du cercueil de leur maître, si pieusement entouré, dira mieux que les discours les plus éloquents combien ils le chérissaient et combien ils le regrettent.

Rien n'a pu effacer, non, rien n'effacera de nos souvenirs les quelques années passées dans l'intimité de votre travail, ô notre cher maître ! Pour moi, c'était de 1825 à 1830, au temps où votre talent incontestable était cependant contesté. Bien jeune, votre seul élève alors, j'étais heureux et fier de votre amitié tout entière.

Ce souvenir est doux à tous ceux qui, chacun à son tour, possédaient vos conseils et votre affection ; nous vous devons beaucoup dans notre art, maître; pour ma part, je me trouve très honoré d'avoir à le dire publiquement.

Aujourd'hui, sur cette tombe creusée si prématurément, la postérité commence pour vous, ô notre maître, qui fûtes aussi notre ami!... Elle est impitoyable, mais elle est juste. Elle vous paiera vos nobles sueurs du prix qui seul paie le vrai talent, par un rayon de gloire! Nos neveux conserveront avec délices vos charmants ouvrages, que vos contemporains ne trouvaient pas assez rares pour les apprécier ce qu'ils valent. Vous étiez trop courageux, vous produisiez trop, vous étiez trop bon, trop facile, enfin vous vous prodiguiez!...

A chaque exposition, depuis bientôt quarante ans, vous étiez sur la brèche, toujours le premier dans l'arène, où, chose extraordinaire, sans jamais faiblir, votre beau talent a pu lutter victorieusement contre plusieurs générations d'artistes.

Cette fin si prompte, cette triste mort est un malheur public, une perte irréparable pour l'art. Mais qui y songe, qui est en larmes à cette heure, excepté nous, dans ce temps d'antagonisme où nous nous débattons? Nous vous pleurons, nous, vos enfants, vos disciples et vos amis; nos larmes se répandent sur vous au nom de l'art, de la famille et de l'amitié. Mais pour vous, Pradier, travailleur infatigable, cette terre qui vous reçoit, c'est le port, c'est le champ du repos après une vie si laborieuse et si agitée.

Avant de quitter votre dépouille mortelle, permettez-nous, cher maître, de vous remercier solennellement pour le bonheur que vous nous avez fait éprouver devant chacun de vos ouvrages, qui toujours étaient pour nous un nouvel enseignement; que ce bonheur-là, avec notre culte reconnaissant pour ce que vous nous avez appris, soit votre plus belle récompense!

Vous resterez parmi nous toujours présent à notre pensée.

Au nom de vos élèves, adieu maître! adieu Pradier!

ETEX.

Paris, 10 juin 1852.

DISCOURS

QUI DEVAIT ÊTRE PRONONCÉ

SUR LA TOMBE DE DAVID D'ANGERS.

MESSIEURS,

Il y a quelques jours à peine, nous rendions nos devoirs à Rude, à l'auteur du groupe de la *Marseillaise* ; la tombe de notre ami, de notre maître Pradier est à peine fermée, que l'impitoyable mort nous appelle à de nouvelles funérailles !... Vous qui entourez le cercueil de David, vous les soldats de la même cause, vous ses disciples sans avoir eu l'honneur de travailler avec lui dans son atelier !... pour vous tous, messieurs, quel vide immense ! Quelle perte pour l'art que celle de l'auteur de la statue de la Jeune Grecque au tombeau de Botzaris, du jeune Barra, de Gouvion de Saint-Cyr, d'Armand Carrel et de tant d'autres chefs-d'œuvre, de tant de beaux bustes, de tant de médaillons si admirablement touchés ! C'est que David a le premier fait entrer dans la sculpture l'ingrat costume de notre époque... C'est que, par la puissance de son exécution savante, il a su réunir dans ses ouvrages, aux qualités de la statuaire antique, l'accent, le cachet de son génie tout français, tout gaulois. Mais en travaillant pour son époque, David travaillait aussi pour la postérité... Ses œuvres, messieurs, se retrouvent partout, jusque dans le nouveau monde, et dernièrement, avec orgueil, j'admirais, sur la place de Washington, la belle statue de Jefferson, du penseur américain, que l'on doit à son puissant ciseau.

David, messieurs, ne fut pas seulement un grand artiste, il fut aussi un grand citoyen. A ces deux titres, il a bu, comme quelques-uns de ses illustres prédécesseurs, à la coupe enivrante de la gloire et du martyre, aussi bien dans l'art que dans la vie publique.

Devant la tombe, messieurs, les petites passions se taisent, la justice humaine arrive, décernant à qui le mérite le blâme ou l'immortalité. Quiconque n'est pas jugé digne est oublié des hommes... Mais celui qui, comme vous, David, a su mourir en sculptant fièrement dans le marbre et dans le bronze sa foi républicaine, celui-là lègue à ses enfants, à ses amis, il impose même à ses ennemis un nom glorieux qui le fera vivre éternellement dans la mémoire des hommes de cœur.

Encore un mot, messieurs. Avant de quitter cette tombe, je veux, dans un adieu solennel, réunir vos deux noms : David et Pradier!...

N'êtes-vous pas, depuis bientôt un demi-siècle, les deux frères d'armes, les deux maîtres, les deux héros de la statuaire moderne? Honneur à vous! Car à vous deux vous avez su transformer l'art national, l'un par la grâce, l'autre par la force. Recevez publiquement le tribut de notre admiration.

Au nom de cette famille éplorée, de cette épouse si courageuse, de cette jeune fille, ange de l'exilé, de ce fils, dont la douleur est si touchante...

Au nom de ce peuple de travailleurs dont il était le frère et qu'il a tant aimé, de ses amis de la tribune nationale, de ses élèves, de ses admirateurs si nombreux, de tous ceux enfin qui se pressent autour de votre cercueil;

Au nom de la postérité, David, je vous salue doublement, et dans votre noble caractère et dans votre art, comme un grand artiste et comme un bon citoyen!

Adieu, David! Adieu!

ETEX.

Paris, le 8 janvier 1856.

AVANT-PROPOS.[1]

Un préjugé est bien enraciné chez nous par la routine, c'est qu'un artiste ne doit pas, ne peut pas écrire sur l'art. Il lui est interdit avant tout de porter un jugement, de donner son avis publiquement, avec tous les ménagements que comportent sa position, ses études, sur les ouvrages de ses contemporains. Pour les littérateurs c'est tout différent : un livre paraît-il, une pièce de théâtre, vite dans les revues, dans les journaux, l'opinion de M. Pierre sur le livre de M. Paul; c'est bien, très bien, c'est accepté. On veut imprimer sur le droit, on ne va pas chercher un peintre, un chanteur, je suppose ; pourquoi donc n'accorde-t-on une place dans les journaux, pour parler beaux-arts, qu'à des hommes qui, le plus souvent, en parlent véritablement comme les aveugles parleraient des couleurs ?..... Pourquoi ?... Le lecteur réfléchi résoudra la question.

L'auteur de cette revue critique ne s'est pas dissimulé combien une pareille tâche était à la fois délicate et sérieuse ; il en

---

[1] Cette revue, demandée par le directeur du journal *le Siècle*, devait paraître au plus tard dans les premiers jours de juin 1855, pendant l'exposition. Terminée au milieu du mois de mai, elle fut imprimée vers le 25 du même mois aux frais du journal. Elle reste donc le premier ouvrage qui devait paraître sur l'exposition des beaux-arts, quoique paraissant le dernier, ce que l'auteur regrette infiniment ; car si ce travail consciencieux devait être de quelque utilité, si les vérités saisissantes qu'il a le courage de dire, si les plaies vives dont il met à nu toute l'horreur, pouvaient empêcher de bons jeunes gens, de charmantes jeunes filles, de se précipiter dans un abîme, en fuyant une carrière plus séduisante que substantielle, celle du peintre, du sculpteur ou du statuaire, etc., il était bon que ce travail parût le plus tôt possible. D'un autre côté, si ces pages, écrites avec sincérité, froissent des hommes dont la position est mal acquise, blessent des amours-propres endurcis, des orgueils surhumains..... le coup porté de l'autre côté de l'Atlantique était beaucoup moins vif, moins blessant et moins personnel peut-être. Puis, on écoute

a parfaitement compris les difficultés... Si l'on songe, en effet, à tous les obstacles matériels et moraux que rencontrent les artistes peintres, sculpteurs, architectes dans la manifestation de leur pensée, ne doit-on pas se sentir disposé à une indulgence extrême dans les appréciations de leurs œuvres, qui, quoique souvent, trop souvent médiocres, mauvaises même, ont coûté tant de labeurs, de douleurs et de sacrifices?... Mais lorsqu'on a entrevu les hautes destinées de l'art, lorsque, de la cime élevée d'où l'œil contemple avec une lucidité calme et réfléchie la nature et les chefs-d'œuvre des grands maîtres, notre regard parcourt nettement l'idéal de l'avenir en admirant avec une pleine connaissance de cause les monuments du passé ; comme la Pythonisse antique debout sur son trépied, on ferme l'oreille aux clameurs de la foule, on ferme son cœur aux murmures de tendresses personnelles ; et, bien convaincu du but noble qui vous inspire, on se soumet sans crainte et sans reproche aux sévères exigences que le sacerdoce de l'art impose, et l'on arbore hardiment sa devise : *Être utile quoi qu'il arrive et servir quand même la cause du beau par le vrai.*

plus volontiers une voix qui se fait entendre de loin, on la suit avec plus de patience ; étant plus calme, pour la comprendre on y met plus de recueillement : c'est presque comme la voix de la tombe, celle qui vous parle de l'autre côté de l'Océan. Le public, si bon juge dans les questions d'opportunité, comprendra facilement le côté pénible qui a dû affecter l'auteur de cette revue, lorsque, de retour des États-Unis, il vit que non-seulement son travail n'avait point paru dans les colonnes de l'estimable journal, mais que ceux qui étaient chargés du compte rendu de l'exposition avaient pu se servir de ses vues particulières sur l'art. L'auteur prie le lecteur de l'excuser de publier aussi tard ses observations sur des ouvrages exposés en 1855 ; mais les œuvres restent les mêmes, bien que disséminées dans les diverses galeries de l'Europe, et le jugement porté sur chacun de leurs auteurs reste le même aussi. Pour compléter cette revue synthétique, et augmenter autant que possible son opportunité, l'auteur la fait suivre d'un curieux coup d'œil rapidement jeté sur l'état fort peu connu des beaux-arts en Amérique en 1855. (*Note de l'éditeur.*)

INTRODUCTION.

En attendant l'ouverture des portes de l'Exposition, nous allons faire une promenade dans Paris, et si le 1er mai nous trouvons accrochées toutes ses toiles venues des quatre coins de l'Europe, ces plâtres, ces bronzes, ces marbres bien placés, bien éclairés, nous conviendrons que le nombreux état-major chargé du soin délicat de caser toutes ces choses n'aura pas perdu son temps.

On s'étonnera de nous voir oublier l'architecture. En voici la raison. Jusqu'à nouvel ordre, l'architecture des modernes est une vieille rabâcheuse qui ne sait que reproduire les choses du passé ; un jour c'est l'art des Grecs qu'elle prétend restaurer, plus tard c'est la Renaissance ; aujourd'hui, nous voguons à pleine voile dans les eaux du gothique, et de quel gothique encore !.... Rien que ce mot gothique devrait suffire à mettre en fuite les plus audacieux. Mais non, il paraît que la niaiserie est ce qu'il y a de plus fort dans notre civilisation !... La bêtise a vaincu dans l'art l'intelligence, l'initiative qui est le courage du génie.

Poursuivons notre course, et, sans nous arrêter trop longtemps devant le vieux Louvre, cause de nos regrets, nous jetterons un bien gros soupir en face du nouveau (1) ; nous gagnerons

(1) Depuis que nous avons écrit cette revue, le nouveau Louvre a été sinon terminé, du moins démasqué à l'extérieur de ses échafaudages. Au premier aspect on sent au caractère général qu'un but déterminé y manque absolument. Tout cela a été exécuté comme par enchantement par une baguette de fée. Si dans leur exécution nous n'aimons pas voir les monuments se traîner lentement, péniblement, pendant de longues années, sans pouvoir le plus souvent servir à l'objet

prestement la rue de Rivoli, non sans payer notre tribut en recevant sur notre pantalon clair, couleur du printemps, de larges taches, jaune comme le limon charrié par le Tibre. Nous arrivons en face de l'hôtel de ville ; les vieilles masures qui l'entourent tombent sous le marteau des démolisseurs, ces hardis compagnons, les frères de ceux dont la conduite sublime électrise le monde par leur courage, leur abnégation, leur dévouement, devant Sébastopol. Pauvres enfants du peuple, c'est le même

que l'on s'était proposé en les édifiant, nous ne pouvons non plus cependant approuver cette façon nouvelle de construire si vite et comme à la vapeur. Et nos vieux maîtres, Vitruve, Vignole, Palladio, n'en restent pas moins bons à interroger, à consulter dans leur vieille expérience. Ils restent vrais pour tous les temps, lorsqu'ils disent que pour bien bâtir, que pour faire de la bonne et solide besogne en construction, il ne faut pas trop se hâter, et bien choisir ses matériaux, attendre que la pierre, après être sortie de la carrière, ait pu gagner toutes les qualités que l'air extérieur seul peut lui donner avec le temps avant d'être employée. Si les Vitruve, les Palladio et les Vignole ont raison, comme nous en avons la ferme certitude, le nouveau Louvre ne vivrait pas longtemps. Pour nous, au point de vue de l'art, nous ne saurions le regretter..... Car il n'y a pas d'exemple d'un monument plus déraisonnable, où les lois de la belle harmonie et de la grande unité aient été plus sottement, plus audacieusement violées. Au lieu de cette sobriété qui va si bien, qui est si indispensable à toute œuvre d'architecture bien conçue, il y a dans ce nouveau Louvre un tel luxe, un tel abus de détails non motivés et véritablement extravagants..... Ce sont des statues innombrables posées sur une balustrade de terrasse, à la place de vases de fleurs et de lampadaires ; des cariatides jusque sur les toits, des groupes insignifiants, des colonnes à l'infini, on en compte jusqu'à seize réunies qui ne portent rien, des frontons ridicules, le tout dans une forme prétentieuse et niaise tout à la fois, où par hasard se rencontre quelquefois un bon morceau de moulure, comme un écho très affaibli, il est vrai, du talent de M. Huyot, l'architecte le plus fort de son temps, celui à qui l'on doit ce qu'il y a de mieux à l'arc de l'Étoile. Revenons au nouveau Louvre, placé au milieu du Carrousel. Supposez pour un moment la même cour, le même édifice, en supprimant les pavillons et surtout leurs toits en forme de demi-dôme ; figurez-vous alors une grande ligne de l'entablement partant des Tuileries et se prolongeant dans toute la longueur de cette même cour du nouveau Louvre, et l'enlaçant d'une belle ligne grandiose, harmonieuse, infinie, comme celle que l'on contemple avec bonheur dans la cour d'honneur des Invalides. Mais non, chez les esprits faussés par péril dans la tranchée ou sur un vieux pan de muraille qui s'écroule sous leurs pas !... Dans quelques mois il n'y paraîtra plus : les morts seront enterrés, de belles maisons où les pauvres n'habiteront jamais, auront remplacé les vieilles masures... Cheminant au milieu de cette large voie, moi, enfant de Paris, j'avais de la peine à m'y retrouver ; je regardais de droite et de gauche ces magasins somptueux ; élevant ma vue vers le premier étage, j'y trouvai une apparence de luxe étrange, au

l'enseignement académique, les grandes lois si naïves de la belle masse, de la grande unité se trouvent absorbées, toujours absorbées par les incessantes préoccupations du détail ! Lorsqu'ils composent, ne croyez pas qu'ils se mettent l'âme à la torture pour trouver la grande chose, *un bon plan*... C'est toujours de la petite ornementation qu'ils sont en peine... Voyez-les à l'œuvre lorsqu'ils veulent faire quelques changements ; c'est toujours du détail, des petits motifs qu'ils sont troublés. Donnez-leur tous les millions que vous voudrez à dépenser, ils ne trouveront rien de neuf, tournant toujours dans le même cercle aussi mesquin que vicieux ; ils passent d'un motif à un joli détail, d'un joli détail à un gentil arrangement, et, comme un cheval borgne attaché à la roue d'un puits pour faire monter l'eau, leurs yeux, recouverts du bandeau académique, ne peuvent même voir le bout de leur nez, hébétés qu'ils sont de leurs petits succès d'école dont ils ne sortent jamais. Toujours le même projet avec un portique à colonnes depuis la création des grands prix de Rome. Laver proprement un dessin, un morceau de fragment d'ornement, un chapiteau, une rosace, suffit à gaudir leur pauvre imagination. S'en prendre aujourd'hui à tel ou tel nom serait peut-être une injustice ; demander de la fierté, de l'indépendance, du caractère, de la dignité, à un artiste de notre époque, serait se montrer trop exigeant. C'est donc à notre siècle qu'il faut s'en prendre ; c'est encore plus, je le crois, à la sottise humaine, éternelle comme le néant. . . . .
. . . .
On ne saurait imaginer les difficultés causées par les architectes modernes dans l'exécution des travaux de sculptures monumentales. Ils ne sont ni sculpteurs, ni peintres, et les sculpteurs ne sont pas architectes non plus ; de là, des conflits continuels, des tiraillements sans fin, qui, au bout du compte, aboutissent à ce que nous voyons, et, ce qui est fort triste, à des monuments faits comme des habits d'arlequins, de pièces et de morceaux, où chacun veut paraître avant toute chose. Cette malheureuse manière de comprendre l'art monumental, me fait toujours l'effet d'un orchestre où chaque instrument jouerait à sa guise et dans un ton différent.....

deuxième comme au troisième étage je retrouvai le même luxe encore, jusqu'aux combles, dont les terrasses élégantes parent le faîte de ces nouvelles constructions.

Aussitôt, songeant à l'étranger qui se trouve transporté au milieu de ces merveilles, avec lui je m'écriai : Décidément tout le monde doit être riche à Paris.... Puis, me rappelant hier, je me demandais ce qu'étaient devenus tous ces ménages de pauvres ouvriers, ... lorsque, par hasard, le lendemain je me trouvais sur le boulevard du Mont-Parnasse, en face d'une petite chapelle nouvellement construite sur les terrains vagues appartenant aux hospices : il y avait un village tout extraordinaire, mieux nommé un campement de familles de prolétaires... Lorsqu'en 1849 je me perdais dans certains quartiers désolés de Londres, je croyais avoir vu ce qu'il avait de plus hideux dans la misère; mais non, tout ce que j'avais vu à Londres, en 1849, se trouvait dépassé à Paris, rue Delambe, au boulevard Mont-Parnasse en 1855 (1).

Mais revenons sur les quais; en traversant le pont des Arts, à notre droite, c'est la gracieuse vue de la Cité. Suivant les bords de l'eau, non sans éprouver un serrement de cœur, on passe devant la Morgue, ce lieu sinistre où dorment sur leurs dalles de pierre les noyés et les asphyxiés... Passons. A gauche, une aiguille dorée attire nos regards, c'est le clocheton de la Sainte-Chapelle; il m'inquiète; je crois voir une grande et longue flamberge dorée tenue en équilibre sur le nez d'un saltimbanque...

Nous voici en face de l'église de Notre-Dame-de-Paris. En présence de cette masse noire, flanquée de ces deux grandes tours féodales criblées de trous et comme sculptée au hasard par une artillerie formidable, je me demande : Est-il donc vrai que cela soit beau ?.... Alors, je tourne autour de l'édifice. Si la fa-

(1) Depuis lors, ce village sans nom a été détruit : le vaste terrain repris par les hospices est resté vide et entouré de planches.

çade m'a déplu, les côtés me déplaisent bien davantage encore : je ne puis comprendre comment, pourquoi cette œuvre barbare a pu trouver tant d'admirateurs !.... J'entre, et mille détails confus, maniérés, mal raisonnés : des femmes dont les mains cassées dans leur attache crispent l'artiste qui les regarde, des monstres, des chardons, des gargouilles, toute cette horde grotesque me fait la grimace ; tout cela est baroque, tout cela grouille et, comme un charivari carnavalesque, fait un vacarme infernal aux oreilles de la pure et chaste harmonie. Des lignes se heurtent, des formes les plus bizarres, les plus disparates se brisent entre elles, et se tordent comme les membres des malheureux jetés dans le lac de poix bouillante de l'*Enfer* du Dante. Et c'est au milieu de ces choses épouvantables, de ces horreurs souvent indécentes, qu'enfants on nous apprend à prier Dieu ; ce Dieu si bon, nous dit-on, si plein de mansuétude et d'amour (1).

Oh ! non, c'est impossible ; j'ai peur, moi, que vos pierres, vos lourdes pierres suspendues sur ma tête, sur la tête de ma vieille mère, sur la tête de ma femme, sur celle de mes enfants, ne viennent à se détacher au moment où tous passent tranquillement dans la rue. Vos gouttières, vos gargouilles de pierre si

(1) Il en est des monuments comme des habits ; il y a la mode qui vous pose une église avec le même aplomb qu'un particulier quelconque, un chapelier, un tailleur, vous imposent une coupe d'habits, une forme de chapeau. Ainsi un monument qui jusque-là était resté tout à fait inconnu, devient, de par la réclame archéologique, un type de perfection architecturale, le modèle régulateur du goût de son époque. C'est à cet engouement-là que l'on doit la célébrité ridicule de l'hôtel du Bourgtheroude, à Rouen, avec ses sculptures, ses moulures, ses entablements d'une forme plus que médiocre, son ordonnance manquée, sans ordre, sans utilité ; et aussi, dans la même ville, les deux églises de Saint-Ouen et de Saint-Maclou, indignes d'occuper sérieusement un véritable amateur d'art pour autre chose que pour les sculptures de Jean Goujon. Car ces deux églises gothiques sont comme toutes les églises gothiques de n'importe quel temps, très inférieures et comme style et comme goût monumental à la cathédrale d'Arles et à toutes les églises romanes, à tous les monuments byzantins. Elles ne sont bonnes tout au plus qu'à donner une certaine raison d'être au goût faux et maniéré du caractère anglo-saxon-américain.

saillantes ne me rassurent pas non plus.... Veuillez ne pas oublier combien de fois s'écroulèrent vos édifices gothiques, au moment où les fidèles réunis élevaient leurs prières vers le ciel. Pauvres humains! si vous tenez à adorer un Dieu, allez donc au milieu des plaines immenses où l'horizon sans bornes nous révèle l'infini ; allez encore sur le vaste océan, ou mieux encore sous la voûte des grands chênes dans les forêts; le matin, à l'heure où la blanche robe de l'aube se mêle si tendrement et avec tant de volupté aux chants des oiseaux qui se baignent dans la rosée ; le soir, quand le soleil éclaire de ses feux les branches chevelues des arbres centenaires couvertes d'innombrables feuilles ; la nuit encore, lorsque la lune et les étoiles forment un chœur céleste dont la musique surnaturelle, enivrante, pénètre par la vue tous nos sens.

Je comprendrais ainsi la religion, les extases de vos saints, les visions de vos anachorètes ; mais sous les voûtes en ogive, la plus laide forme, la plus fausse, la plus disgracieuse qui se puisse inventer, je me sens mal à l'aise, ma raison se révolte, et je n'ai plus sous mes yeux, au moment de la cérémonie, qu'un spectacle plus ou moins réussi, plus ou moins attrayant. Cessez de me répéter que c'est admirablement compris pour les besoins du culte catholique, je vous renverrais alors aux basiliques de Saint-Laurent et de Saint-Clément à Rome, où, tout en suivant le cérémonial, je ne trouve qu'à admirer dans tout ce qui m'environne.

Remontons le joli ruisseau que les habitants des bords de l'Hudson ou du Mississipi n'appelleraient pas même un cours d'eau, et que les Parisiens parent du nom fastueux le fleuve de la Seine.

Nous voici au milieu des animaux du jardin des Plantes ! Pauvres bêtes féroces, vous m'effrayez moins que les hommes

. . . .
. . . .

INTRODUCTION.

Lorsque je devisais ainsi, je me trouvais au milieu du pont d'Austerlitz. Une femme jeune, assez élégante, vêtue d'une robe de soie puce, franchit la balustrade et se jette à l'eau; il faisait très froid. Un monsieur avec qui elle venait d'avoir une altercation assez vive, court au bout du pont, suit la berge en courant, fend l'eau et la ramène au bord; un sourire effleura la lèvre pâle de cette jeune femme, lorsqu'elle reprit ses sens. Je me dirigeai du côté de la place de la Bastille, et oubliant la page du roman qui venait de s'écrire au naturel sous mes yeux, je pensais à ces héros, à ces martyrs morts pour la liberté; non pas de cette liberté représentée par cette espèce d'oiseau doré imité du Mercure de Jean de Bologne, mais de cette belle et grande liberté que nous ne connaissons pas encore, et après tant de sang versé pour elle, après tant de siècles d'efforts impuissants : et qui pourtant est si facile à connaître...

Nous allons monter au Père-Lachaise, chez les morts, ce sera peut-être plus gai, là où les passions s'apaisent, là où la douleur se tait.

Que de choses diverses dans ce petit coin de terre, que de laides choses enfouies sous ces petites pierres taillées, que l'affection quelquefois, que la vanité le plus souvent se plaît à orner! Placé sur cette montagne de la mort, ayant la ville béante à mes pieds, je me transportais par la pensée à l'autre extrémité de Paris; et là, penché sur l'abîme paradoxal du doute, je rêvais à un monument immense que je plaçais sur les hauteurs du Trocadéro. Là, sur un cercle de granit de forme conique et sépulcrale, s'élevait un grand trépied de bronze; le feu brillait; sur l'azur du ciel pur s'élevait dans les airs une flamme qui consumait un corps mort : c'était celui d'un grand ami de l'humanité, d'un inventeur, d'un savant, d'un artiste, d'un grand ouvrier enfin. La foule qui entourait la base de l'édifice ne pleurait pas; au contraire, radieuse, reconnaissante pour son bienfaiteur, elle chantait en chœur un hymne à la gloire de celui dont les travaux utiles allaient recevoir de la mort une nouvelle consécration.

Le champ de Mars était un vaste amphithéâtre dont le plan avait quelque analogie avec le Colysée de Rome, excepté que l'ellipse était inscrite dans un parallélogramme sans murailles et ornée des statues des serviteurs de l'humanité ; le peuple assemblé assistait à une grande fête ; c'était le jour où les mandataires des nations lisaient un rapport sur la sociabilité universelle, sur l'industrie, le commerce et les beaux-arts, et proclamaient les heureux résultats de leur mutuel échange.....

Sorti de mon rêve et me rappelant le lieu où j'étais, la tête inclinée vers la terre, je descendais tristement les petites allées sablées du plus grand cimetière de Paris, et me jetant dans une voiture, je me fis conduire au bois de Boulogne. Je n'y étais pas allé depuis le mois de juin 1833, depuis le jour où, perdu dans les fourrés des taillis, couché sur l'herbe, je cherchais à composer le travail qui m'était commandé pour l'un des monuments les plus importants de Paris, et dont je fis ce jour-là dans ma tête la *Défense du sol de la patrie envahie*. Le bois de Boulogne n'avait plus son recueillement habituel, mais il avait gagné de la vie, de l'agrément ; il était paré comme un de ces beaux parcs du prince Charmant.

J'allai saluer le dôme du roi-soleil, les Invalides..... Je ne pus résister au plaisir d'admirer une fois de plus cette belle cour d'honneur si simple et si harmonieuse. C'était une consolation anticipée sur l'impression pénible qui m'attendait devant la crypte fouillée sous les fondations de Mansard ! !!... Je sortis en donnant un regard sympathique au grand Vauban, couché trop oublié sur son cénotaphe de marbre noir.

Les Champs-Elysées n'étaient plus reconnaissables : c'était un bruit, des allées et venues, des chariots chargés de machines, d'autres remplis de grandes caisses, d'autres où il y avait une inscription telle que celle-ci : *Belgique, Beaux-Arts*. — Bon, me dis-je, voilà de la contrefaçon.

Je tâchai à grand'peine de me frayer un chemin dans les contre-allées, mais bah! là c'était bien pis encore; des morceaux de granit, pour les trottoirs, des terrassiers avec leurs pioches, leurs brouettes; des chaudières remplies de goudron fumeux; des badauds barrant tous les chemins; hors de moi, fatigué, harassé, je m'élançai sur l'asphalte des fontaines de la place de la Concorde, où il y a des femmes-poissons, des hommes-poissons si drôles, et qui ont l'air de jouer de si singuliers instruments; de loin, je m'aperçus que l'arc de l'Étoile n'avait pas encore trouvé son couronnement.

Mais cessons de plaisanter; tout n'est pas risible lorsqu'il s'agit de parler des beaux-arts.

La première fois que nous nous retrouverons avec le lecteur, nous aurons à lui dire toute notre pensée sur les principales œuvres exposées. On trouve cela étrange. Il va de soi, je le répète, qu'un écrivain parle littérature, qu'un savant comme feu Arago écrive sur l'astronomie, et, par suite de cette habitude de la livrée portée par les premiers peintres du roi, on s'étonne qu'un peintre ose écrire son mot sur la peinture, et cela dans une occasion aussi solennelle que celle de l'exposition universelle des beaux-arts. N'importe, quoi qu'on dise, nous nous tenons pour parfaitement libre, et en attendant que nous puissions pénétrer dans ces salles si remplies de merveilles, nous sommes en plein air, nous jouissons d'un bon rayon du rare soleil que nous attendions depuis si longtemps, et nous sommes en gaîté. Et comment ne pas être gai, je vous le demande, lorsqu'on a vu la Madeleine, ce temple romain, copié de la Maison Carrée de Nîmes, dont on a voulu faire une église catholique? A-t-on été plus heureux à Sainte-Clotilde, place Belle-Chasse, en imitant un méchant gothique? Ma foi! non. Serait-ce dans la bonbonnière de Notre-Dame-de-Lorette?

Point. A l'église Saint-Vincent-de-Paul, dont l'architecture maigre et tranchante nous fait regretter, toutes les fois que nous passons devant sa façade, l'art si souple et si fin des architectes grecs... Là seulement chez ces fameux artistes grecs on comprend toute l'originalité, l'imprévu de ce qui pourrait se faire en architecture. Mais pour en arriver là, il ne faudrait que s'inspirer de leurs moyens d'effets, les comprendre dans leur simplicité, dans leur sobriété et dans leur grand goût; ne pas niaisement se mettre à mesurer leurs moulures, les calquer en les déformant; faire, en un mot, un art tout moderne, inspiré, enseigné comme tendance par l'art sublime des anciens. Chercher à les imiter, c'est toujours retomber dans cette folie de Michel-Ange qui avait la prétention naïve de refaire à la porte du Peuple à Rome les moulures qu'il avait mesurées avec le plus grand soin dans le Campo-Vaccino.

Paris, 15 mars 1855.

REVUE SYNTHÉTIQUE

DE

L'EXPOSITION UNIVERSELLE

DE 1855.

I

Les expositions sont-elles utiles aux progrès de l'art? Non. Elles peuvent servir à faire surgir un grand nombre d'artistes médiocres, c'est tout. Un grand nombre d'artistes médiocres sont-ils un bien pour la société? Non... Et si un citoyen d'Athènes, un amateur d'art du temps de Périclès, se trouvait transporté du Portique, de l'exposition de la Vénus du peintre de Cos, au milieu de notre exposition universelle des beaux-arts, où les tableaux se comptent par milliers, il crierait honte et anathème aux barbares du Nord!!...

Franchement, aurait-il tort? Est-il possible de jouir de beaux ouvrages, s'ils sont confondus au milieu d'une foule d'autres? Non : la quantité amène la satiété, et nos sens sont d'une délicatesse telle, que si nous déplaçons nos impressions en les éparpillant sur une œuvre, puis sur une autre d'un caractère tout différent, l'effort qui se fait dans cette transition brise notre jugement et nous empêche de jouir à fond d'une œuvre dans toutes ses qualités, dans tous ses raffinements. Cela est si vrai que pour les musées d'Europe où se trouvent réunis les plus beaux ouvrages de nos ancêtres, lorsque nous voulons savourer, boire à pleins bords la coupe enivrante de l'admiration, il faut nous isoler e ne pas même voir en passant les tableaux qui provoqueraient notre curiosité, aller droit à l'œuvre du maître qui nous captive par la pensée et dont nous voulons jouir entièrement.

Ayons, si cela semble utile pour les jeunes artistes inconnus, une exposition permanente comme bazar, comme lieu de vente ; mais si nous tenons à former le goût des nations, séparons toutes ces œuvres disparates, malencontreusement accrochées côte à côte sur les murs de nos expositions. Si donc une exposition ordinaire est chose peu fructueuse au point de vue des progrès de l'art, quel doit être le résultat d'une exposition universelle ?... S'il s'agissait simplement d'une question de curiosité à contenter, l'exposition actuelle devrait réussir ; mais si nous nous proposons un but plus élevé en apparence, si nous prétendons mesurer nos forces avec celles de nos voisins de l'Europe et du monde entier, point n'est besoin de couvrir de peintures des centaines, des milliers de mètres ; il suffira de prier MM. Ingres et Delacroix, etc., d'envoyer chacun un seul tableau, leur chef-d'œuvre, pour être placé dans une salle particulière, et d'adresser dans les mêmes conditions le même appel à MM. Cornélius, Owerbeck, Landseer, etc. ; c'est l'unique moyen de les juger dans leurs qualités individuelles. En suivant la marche ordinaire, on n'arrive qu'à la fatigue et à la confusion. Cela est si vrai que si vous mettez un Rubens à côté d'un Raphaël, vous ne jouirez complétement ni de l'un ni de l'autre ; aussi peut-on dire que ceux qui n'ont pas vu Raphaël au Vatican, Rubens en Belgique, ne connaissent ni Rubens ni Raphaël.

Il n'en a pas été ainsi. Nous le regrettons vivement, car, on aura beau faire, la lutte ne s'établira jamais qu'entre les premiers, uniquement entre les premiers artistes de chaque nation. Les autres, malgré leur talent recommandable, serviront-ils même à faire valoir la supériorité des maîtres modernes ?

Il faut nous recueillir avant d'entrer dans les salles de l'Exposition universelle, il faut repasser dans notre mémoire les œuvres sublimes des grands maîtres de l'art, de ces Grecs si parfaits, de ces autres Athéniens des républiques italiennes, de quelques autres encore de la Hollande, et de deux sculpteurs français peut-être? Douze noms surnagent dans les siècles, douze noms en tout. Voilà ce qui nous reste de tant d'efforts, de tant d'agitation, de tant d'amour, de tant de haine et de tant de passions. Douze noms.

Maintenant, du courage, enfants de notre temps! Si vous avez quelque chose dans le cœur, jetez là vos pinceaux impuissants, vos ciseaux inutiles; et, sans vous étourdir au bruit des petits succès de vanité de vos voisins, échangez votre habit chamarré de parasitisme contre la blouse du tisserand ou celle du laboureur. De freluquets fiévreux, haletants, édentés avant l'âge, devenez des hommes forts, de bons pères de famille, d'excellents citoyens.

Si la vie chez les modernes n'était pas pour la plupart des hommes comme un coup de lansquenet, certes il y aurait à gémir profondément sur la légèreté avec laquelle on entre dans une carrière qui demande de si rares qualités, et que l'on embrasse avec tant de facilité, souvent par le plus grand des hasards; on se fait peintre ou sculpteur, comme on se fait épicier, poëte ou distillateur.

Veut-on prendre la peine de jeter un coup d'œil sur la sévérité qu'apportaient ces vieux et nobles Grecs dans le choix de leurs disciples afin de conserver au plus haut degré le prestige qui s'attachait à la carrière si épineuse des beaux-arts? Voici ce que Pline rapporte :

« Pour ce qui est de Pamphile, le maître d'Apelles, on n'a
» de lui que quelques ouvrages estimés. Pamphile était origi-
» naire de Macédoine; il est le premier qui ait joint au senti-
» ment la science de l'érudition, vaste, universelle, propre à
» nourrir, à élever le génie d'un peintre, mais surtout il s'atta-
» cha aux mathématiques, à la géométrie, soutenant que sans

» son secours il n'était pas possible d'amener la peinture à sa
» perfection. On conçoit aisément qu'un tel maître n'avilissait
» point son art. Il ne prenait d'élèves qu'à condition de dix ta-
» lents (près de cinquante mille francs) par année d'apprentis-
» sage, et pour plusieurs années. C'est à ces conditions seule-
» ment que Mélanthe et Apelles devinrent eux-mêmes ses
» disciples. En agissant ainsi, il avait deux vues : premièrement,
» en gardant ses élèves si longtemps, il ne sortait de ses mains
» que d'habiles peintres, également forts sur toutes les parties
» de leur art; en se faisant bien payer, il éloignait les natures
» vulgaires et profanes, en mettant en plus grand honneur la
» peinture. Il réussit si bien qu'il fonda à Sicyone et ensuite par
» toute la Grèce une grande école où les enfants bien nés, bien
» organisés pouvaient trouver l'instruction dans les beaux-
» arts. »

Certes, nous sommes loin, fort loin de ces époques où l'art était tellement respecté, que, pour oser y prétendre, une belle organisation ne pouvait suffire sans une fortune assez considérable pour avoir le temps d'apprendre; ensuite, sans le pouvoir plus important encore de faire face aux énormes dépenses indispensables pour pousser à leurs dernières limites les efforts d'un homme qui espère atteindre la perfection, à moins que l'on ne soit doué de ce rare génie que rien ne peut arrêter, génie que les maîtres de la belle antiquité grecque secondaient avec une libéralité si généreuse, que contrairement à ce que Pline rapporte, ils allaient chercher leurs élèves jusque parmi les derniers esclaves.

Sous ce rapport, un coup d'œil rétrospectif ne sera pas inutile. Depuis la grande révolution française, il n'y a eu en France qu'une école, celle de David, dont M. Ingres, avec quelques nuances, est le continuateur.

De cette école sortirent, avec leurs tempéraments divers, Gros, Girodet, Guérin, Prudhon, Gérard, Ingres, Géricault,

Léopold Robert, Granet, Schnetz; les autres, malgré certaines qualités d'habileté, n'y tiennent pas une place véritablement honorable : les salons, la mode ont pu les mettre en évidence sur la scène du monde, comme tant d'autres acteurs, mais vingt années se sont à peine écoulées que leurs noms inscrits sur leurs ouvrages sont déjà effacés de la liste des privilégiés de la nature.

Cette école que l'on a pu, que l'on a dû critiquer, parce qu'elle manquait de vrai génie, laissera quelques traces de son passage; et parmi nos contemporains, nous ne voyons rien ni en France ni à l'étranger qui puisse lui disputer la première place, si l'on ajoute que de cette école sortirent les architectes Percier et Fontaine, les sculpteurs Roland, Lemot, Bosio, Cartellier, Pradier et David (d'Angers), des graveurs très habiles aussi, Desnoyers, Forster, un peintre de genre d'un talent éminent, M. Granet.

Voyons, sincèrement : qu'avons-nous depuis eux à opposer à cette pléiade, nous, hommes du présent? Sera-ce à l'étranger les petites peintures musquées, vernissées des Anglais; celles des lourds Allemands, celles des Belges bavards et creux, des Italiens avilis, des Grecs modernes doublement abrutis, des Américains trop sauvages? Non, là-bas, comme ici, la vie moderne, toute d'un luxe bâtard, énervant, éphémère, tue l'amour de l'étude, le modeste, le sérieux, le profond. Et si, pour la gloire de la France, il lui reste l'école de David, c'est qu'alors à une grande distance, il est vrai, on puisait encore dans la grande tradition des Grecs; mal peut-être, mais du moins était-ce avec une sincérité, une conscience, une probité, un amour des choses austères qui n'existe plus aujourd'hui. Un jeune artiste n'eût pas osé alors montrer le plus petit de ses ouvrages avant d'avoir eu dix années d'études ; aujourd'hui l'on expose en peinture son premier essai avant d'avoir étudié dix mois. Dans ce temps-là, un sculpteur grand prix de Rome osait à peine accepter un travail du gouvernement. Aujourd'hui, tout est permis à la faveur. Tel est chargé de travaux importants, qui n'a pu se faire admettre comme simple élève à l'école des beaux-arts.

Et dans ce dévergondage échevelé, qui remonte à plus de trente ans, qui s'accroît chaque jour davantage, il semble que les hommes n'y puissent suffire ; les femmes aussi veulent avoir leur part du budget... Pauvres femmes!... Il n'y a pas de lois, de barrières, qui puissent préserver le saint foyer de la famille de cette maladie, de cette peste, de cette infection, qui enlève une fille à sa mère, une épouse à son mari, une mère à ses enfants...

Heureusement l'humanité, dans son bon sens, laisse encore assez de femmes saines de cœur et d'esprit pour nous conserver des filles, des épouses et des mères. Celles-là au moins, les braves, comprennent admirablement que les centauresses sont des monstres, et que toute femme qui, par un sot orgueil, une folle vanité, ne reste pas dans sa sphère, dans les plus pures, les plus nobles attributions de son sexe, bouleverse la nature, et manque à sa mission providentielle.

Au surplus, pour calmer l'excitation cérébrale de ces dames, avant qu'elles s'engagent en un labyrinthe sans issue, prions-les de chercher dans les galeries des anciens, puis dans celles des modernes, quelles sont les œuvres des femmes qui puissent lutter avantageusement avec les ouvrages des hommes, qui restent pleins de vigueur devant l'épreuve du temps. Quelle femme pourra jamais soutenir une de ses œuvres à côté des sculptures de Phidias, des peintures de Michel-Ange, du Giorgion, de Léonard de Vinci, du Titien, etc.? Pour en finir à jamais avec cette cause jugée par la sagesse des nations, prenez les gros chevaux de votre dernière héroïne, et mettez à côté un simple croquis de Géricault, et vous me direz si consciencieusement il est raisonnable d'user tant d'efforts pour arriver à un si faible résultat. On me répondra avec une apparence de raison :

« C'est beaucoup mieux que ce que font beaucoup d'hommes. »
Cela peut être vrai ; mais, au point de vue où nous avons compris le sacerdoce de l'art, ce détail est insignifiant pour nous, qui voudrions voir anéantir tout ce qui n'est pas considéré comme une belle chose, un chef-d'œuvre, par le jugement infaillible de la postérité. S'ensuit-il que nous devions interdire aux femmes l'exercice de leur intelligence pour les beaux-arts ? Au contraire, nous voudrions que toutes les femmes fussent en état d'apprendre à dessiner à leurs enfants.

Cela semblera paradoxal, et l'on trouve tout naturel qu'une jeune personne abandonne sa mère pour suivre des leçons de peinture dans un atelier où se trouvent réunies vingt femmes sorties de je ne sais où, et où il y a des modèles des deux sexes, sans compter le professeur et son influence ; ou bien qu'elle étale ses grâces devant un chevalet, qu'elle monte sur un marchepied dans une galerie publique.

Les danseuses ont au moins la rampe, toute la largeur de l'orchestre, pour les garantir d'impudiques regards ; mais les peintresses !... et les sculpteuses donc !... comme ça va bien à leur sexe chaste et timide de fouiller dans la forme, d'enlever la peau et les muscles pour chercher la place des os ; de manier la masse, le lourd marteau du sculpteur, de tenir d'une main ferme un gros ébauchoir, un énorme ciseau, ou bien de se barbouiller de terre glaise ! C'est encore moins coupable, me direz-vous, que d'empoisonner son enfant à peine formé dans son sein par l'odeur des couleurs. Et voilà les sacrifices que l'on encourage, sans parler des malheureuses qui font de mauvais livres, de mauvaises pièces de théâtre et de mauvais romans, qui montent à cheval et qui jurent en fumant.

J'aime mieux la simple femme, qui, dans sa candeur, dans sa haute raison, sa vertueuse sagesse, trouve que pour elle il n'y a rien de plus noble, de plus haut, de plus grand que d'être en commençant une excellente fille pour tous ceux qui l'entourent, la joie du père et de la mère, puis l'épouse, enfin la mère adorée, vénérée, le centre affectueux, l'ange protecteur du foyer domestique, qui s'éteint au son des voix reconnaissantes des enfants qui la pleurent. Ces femmes-là auront du moins le droit de demander à la société des fils et des filles dignes d'elles-mêmes. Mais, ô vous! femmes extravagantes d'orgueil, folles de vanité, dites-moi ce que sont devenus vos fils et où sont vos filles!

Pour faire diversion à ces préoccupations pénibles, pour rentrer dans la tâche que nous nous sommes imposée, le lecteur nous permettra de montrer une fois de plus par quelques citations toute l'importance qu'avait l'art chez les anciens :

« Enfin parut au monde le grand Apelles, l'incomparable
» peintre, natif de l'île de Cos, dans la cent douzième olympiade,
» qui a surpassé les peintres qui l'ont précédé et ceux qui l'ont
» suivi. Non content d'exceller dans la peinture, de traduire par
» son pinceau divin les belles œuvres de la nature, il a encore
» employé la plume comme un savant généreux, un noble esprit
» qu'il était, à nous découvrir les principaux secrets de son art,
» sur lequel il nous a laissé trois volumes. La grâce a été sa force
» principale, ce je ne sais quoi de libre, de noble, de doux, en
» même temps qu'il touche le cœur en réveillant l'esprit; partie
» importante où il a laissé bien loin derrière lui tous les maîtres
» de son temps. Lorsqu'il admirait leurs ouvrages, qu'il en fai-
» sait l'éloge en détail, par rapport aux diverses parties de la
» peinture, il concluait en disant qu'il n'y manquait que sa seule
» grâce; ajoutant qu'à la vérité ses confrères ou ses émules
» excellaient en toutes autres parties, mais qu'à l'égard de celle-là
» elle lui était en propre, et que personne ne pouvait lui en dis-
» puter la palme.

» C'est ainsi qu'avec une ingénuité digne du vrai mérite, il se
» plaçait lui-même au-dessus de tous les peintres de son siècle,
» sur une partie du talent qui ne s'acquiert point.

» Protogènes de Rhodes était celui qui pouvait le plus appro-
» cher d'Apelles par la recherche, le soin qu'il donnait à ses
» ouvrages. Voici de quelle manière ce dernier répondit à des
» connaisseurs qui lui montraient les qualités réelles des ouvrages
» de Protogènes : « C'est vrai, disait-il, Protogènes et moi nous
» possédons à peu près au même degré les diverses parties de
» la peinture ; peut-être même que sur certains points que je lui
» laisse, il en sait plus que moi, mais il y en a une considérable
» sur laquelle je l'emporte sur lui : c'est qu'il ne sait pas quitter
» le pinceau. »

« Ils vécurent néanmoins dans des rapports de bonne
» amitié.

» Au reste, quand nous avons dit qu'Apelles ne peinait pas,
» ne fatiguait pas excessivement ses ouvrages, nous n'avons pas
» voulu dire qu'il négligeât ni son art, ni sa main ; bien loin de
» là, nulle affaire ne l'empêchait de dessiner ou de peindre, de
» tenir un crayon, un style, un pinceau. C'est de lui que vient
» le proverbe : *Nullâ die sine lineâ* (aucun jour sans dessiner).

» Il disait aussi qu'il n'y a rien de plus nuisible à nos ouvrages
» qu'une exactitude trop rigoureuse et trop peinée.

» Si Apelles avait beaucoup de capacité dans son art et beau-
» coup d'ingénuité à reconnaître son propre mérite, il faisait
» voir autant de lumière et de droiture quand il s'agissait de se
» prononcer sur le mérite des autres, lors même que c'était sur
» certains points qui le mettaient au-dessous d'eux ; car il avouait
» de bonne foi qu'il était inférieur à Amphion, par exemple, du
» côté de l'ordonnance, et à Asclépiodore du côté des propor-
» tions, tant générales que particulières ; comme il était déjà
» convenu qu'il le cédait à Protogènes sur d'autres articles de
» détail, sur le fini.

» Apelles excellait encore à peindre le portrait ; il n'en pou-
» vait être autrement, car l'homme de génie qui sait faire un
» chef-d'œuvre ne le saura faire qu'à la condition de savoir co-

» pier et rendre la nature. Phidias, le sculpteur du Parthénon,
» peignait aussi admirablement bien le portrait : avant d'exécuter
» ses grands travaux à Athènes, il avait peint le portrait de
» Périclès. »

Si nous ne nous arrêtions pas, malgré nous, les citations continueraient ; qu'il nous suffise de dire que, comme tous les grands artistes, Apelles était bon et généreux.

« Nous ajouterons que Protogènes, l'heureux rival d'Apelles,
» quand il peignait son fameux tableau du Jalysse, ne mangeait,
» dit-on, que quelques herbes cuites, des lupins bouillis dans
» l'eau, pour se soutenir seulement contre la faim et la soif, de
» peur qu'en se permettant une nourriture plus succulente, il
» n'eût émoussé cette pointe de sentiment si nécessaire au peintre
» qui travaille pour l'immortalité.

» Les peintures miraculeuses des grands peintres de l'anti-
» quité étaient si fort considérées, qu'un seul de leurs chefs-
» d'œuvre suffisait pour payer toutes les richesses d'une ville.

» Lysippe, le grand sculpteur, peignait en cire dans l'île
» d'Égine, vis-à-vis du Pirée ; cela est si vrai, qu'ayant fini une
» excellente pièce en ce goût-là, il mit cette inscription : *Lysippe*
» *l'a peinte au feu.* »

L'ignorance chez les modernes avait fait de Michel-Ange une exception parce qu'il était à la fois peintre, sculpteur et architecte. Chez les Grecs, tous les grands artistes sont peintres, sculpteurs, architectes, fondeurs, graveurs, écrivains et soldats-citoyens, etc.

Quelles leçons ! que d'encouragements aux études sérieuses pour les modernes, dans ces quelques citations historiques ! comme le voile tombe devant ce beau tableau de la vérité ! Courage, jeunes gens, abandonnez les cafés, les cabarets, les estaminets, où l'on parle à tort et à travers de la touche, du glacis, de la pâte, où l'on déraisonne sur tout, et au sortir de l'atelier rentrez chez votre mère, enfants, pour vous retremper au foyer domestique et vous reposer de vos veilles. Lisez les anciens, ne voyez que des chefs-d'œuvre des premiers maîtres, rien de plus. Laissez dire les bavards et les sots, laissez faire les habiles, laissez passer les intrigants ; les premiers s'épuiseront dans le vide, les seconds seront pris dans leurs propres filets, et les troisièmes mourront de honte, d'envie et de désespoir.

Il n'y a jamais eu, il n'y aura jamais de grands artistes sans une grande science, sans une grande moralité.... Et par les observations que vous pourrez faire vous-mêmes pendant le cours de l'exposition, vous verrez que les plus forts sont ceux-là qui ont eu le plus de foi... Et quant aux couronnes décernées par la mode, laissez-les se faner, bientôt elles ne seront plus que poussière et fumier.

L'artiste fort est celui qui s'impose à la foule par les qualités éminentes de ses œuvres, la valeur réelle de son talent. Chaque année, ses nouveaux efforts le grandissent à ses propres yeux comme aux yeux de la postérité, qu'il voit poindre dans sa vieillesse après tant de souffrances. Telle fut la fin glorieuse de ces grands génies qui avaient nom Michel-Ange, aveugle, et Beethoven, sourd.

Malgré leurs chagrins, l'amertume de leur pénible existence, privés chacun du sens qui leur était le plus nécessaire, qui leur était le plus utile, ils s'éteignirent en se sentant revivre, et comme touchés par un rayon de la gloire et par un souffle vague de l'immortalité.

Paris, le 1ᵉʳ mai 1855.

II.

Précédemment, sans nous préoccuper outre mesure de froisser des idées acceptées, nous avons dit en commençant, au grand scandale de bien des gens, que les expositions si souvent répétées, non-seulement n'étaient d'aucune utilité pour les progrès de l'art, mais qu'ainsi comprises elles leur étaient nuisibles. Premièrement, elles tendent à ôter aux artistes leur caractère propre, leur originalité native. Ce frottement si souvent répété enlève bien quelquefois certaines aspérités ; mais y a-t-il compensation, je le demande, à la perte du cachet individuel de l'artiste, toute sa valeur aux yeux de la postérité? Secondement, elles diminuent l'intérêt qui s'attache aux choses rares, en vulgarisant le plus souvent des choses de mode, qui sont presque toujours d'un assez mauvais goût. Troisièmement, elles semblent donner aux produits des artistes une valeur vénale, qui fait descendre le penseur, l'artiste sérieux, des hauteurs de sa dignité. Quel bien a-t-on retiré des expositions ainsi répétées sous la protection du gouvernement, pour qui elles deviennent un véritable embarras en même temps qu'une amorce jetée aux intrigues, qui s'y précipitent avec une passion délirante.

Quel bien aurait-on à opposer à tout le mal fait par les expositions ?

Aucun. Une seule raison, une seule, pourrait résister, celle de permettre aux artistes inconnus de faire connaître leurs œuvres au public ; une exposition libre, permanente, répond à ce besoin.

Sans entrer dans de honteux détails, récriminations tardives au sujet de certains refus et aussi de plus tristes admissions, nous ne pouvons taire cependant toute notre indignation, en songeant qu'au nombre des victimes de messieurs du jury, se trouvent des hommes qui se recommandent et par la noblesse de leur caractère et par leur beau talent. Cette fois, on est allé plus loin que jamais. Rien n'a été respecté, les plus mauvaises passions des plus petits esprits ont trouvé grasse pâture à leurs méchants appétits gloutons, en se mettant à couvert derrière l'inviolabilité souveraine.

Sans les soins intelligents de l'administration des Beaux-Arts, désireuse de donner du relief à trois ou quatre noms, par certaines dispositions de salles, l'exposition sombrait sous les mille coups d'épingles portés par ces mauvais esprits. Il nous suffira de noter que des vieillards, qui se vantaient avec orgueil de n'avoir jamais été refusés, l'ont été cette année; que des hommes dans toute la vigueur de l'âge et du talent ont vu refuser les mêmes ouvrages qui, sur le champ de bataille des artistes, leur avaient valu la décoration de la Légion d'honneur; puis il y a le côté comique, que d'autres, mieux que nous, se chargeront de faire ressortir. On saura peut-être l'histoire d'un certain projet refusé par le bon jeune homme qui tenait les procès-verbaux des séances du jury de la section d'architecture, etc.

Il faut convenir, pour être vrai, que c'est chose difficile, que c'est une rude tâche, que de s'y reconnaître au milieu de cette forêt de cadres, les uns grands comme des bricks de guerre, les autres petits comme une carte de visite; puis des monstres sculptés, des groupes colossaux, des marbres, des plâtres, des bronzes grands comme les pyramides d'Égypte, à côté de sculptures lilliputiennes, et des dessins, et des gravures, et de l'architecture. C'est formidable, c'est tout bonnement impossible. Quoi! vous exercez votre esprit à choisir le *un peu mieux*, vous prétendez le trier d'avec le *un peu plus mal!* D'abord on vous demandera : « Qu'en savez-vous ? » S'il ne s'agissait que de mettre à part les œuvres supérieures, celles qui passent comparativement pour des chefs-d'œuvre, cela serait déjà difficile; mais dire d'une part à des artistes reconnus médiocres, et d'autre part à des avocats, à des amateurs prévenus : « Vous allez prononcer sur le degré de mérite de tel ou tel ouvrage, » c'est vraiment par trop fort et par trop extravagant..... J'ai demandé dans un temps un jury nommé par les artistes, l'expérience m'a prouvé que je m'étais trompé, les coteries d'artistes seules alors ont voix au chapitre (1).

Que faire donc ? Laisser l'art livré à lui-même; l'État, le

(1) Depuis 1789, il semblerait que ces coteries, composées toujours de médiocrités remuantes et ambitieuses, se soient assimilées corps et âme à tous les

gouvernement n'a pas besoin de s'empêtrer de l'existence des artistes médiocres qui énervent la société ; lorsque, par hasard, un chef-d'œuvre paraîtra, n'ayez pas peur, on saura bien le trouver, si aucune coterie ne vient s'en mêler; c'est qu'alors un homme de génie sera né, chose rare plus qu'on ne pense; l'État, les particuliers lui achèteront ses chefs-d'œuvre, et tout sera dit ; le reste ne sert à rien qu'à fourvoyer bon nombre de gens et à embêter le gouvernement.

Vienne le jour où il faudra se prononcer sur les récompenses, on verra combien d'intrigues seront mises en mouvement! S'il ne s'agissait que d'affaires de pure vanité, passe encore, mais cela touche aux intérêts toujours, et aussi quelquefois aux sentiments les plus nobles, à certaines susceptibilités délicates des natures d'élite, qui se traduisent, cela s'est vu trop souvent hélas ! par deux balles, un petit cornet de poudre et un pistolet. Nous ne pouvons approuver les victimes, mais nous les plaindrons du fond de notre cœur, qu'elles se nomment Chatterton, Léopold Robert, Gros, ou Antonin Moine.

Lorsqu'un homme ou une femme en arrive là, on ne peut nier que l'un ou l'autre ne soit moralement, profondément malheureux; une larme, un voile de deuil jeté sur les victimes, n'adouciront pas nos regrets ; c'est à cette vieille société égoïste, sans solidarité, sans liens sympathiques que nous jetterons l'anathème ; et comme en résumé l'art est la plus vive expression de cette société, l'Exposition nous servira pour la juger sévèrement, pour liquider dans l'art son funeste passé. Et pour bien faire cette liquidation, et pour la faire aussi complète que possible, il nous manque un bilan intégralement déposé. Nous

---

pouvoirs qui se sont succédé depuis notre grande révolution, de façon à empêcher de paraître quiconque oserait élever la tête au-dessus de leur médiocre niveau. C'était sous l'ancien gouvernement tombé en 1848, selon l'expression pittoresque de Charlet, comme un individu qui, placé sur le bord d'un étang et armé d'une gaule, aurait eu pour mission de frapper sur chaque tête s'élevant au-dessus de l'eau.

nous trouvons mal à l'aise au milieu de toutes ces œuvres inutiles, de douzième ou quinzième ordre, vieux fonds de boutique où il y a de grands tableaux, des grands dessins, des cartons énormes, des groupes, où les queues de cheval sont faites en arêtes de poisson. J'aimerais bien mieux voir à la place de ces choses indigestes, à côté des œuvres de MM. Ingres, Delacroix, Ary Scheffer, Paul Delaroche, Forestier, Cornélius, Overbeck, Kaulbach, Knaus et Landseer, les œuvres de Reynolds, Lawrens, Wilkie, Hogarth, Gainsborough, David, Gros, Girodet, Prudhon et Géricault, en peinture; et en sculpture celles de Canova, Flaxman, Bartolini, Rauch, Schauntaller, Pradier et David (d'Angers); tous enfants du xixe siècle qui les a vus s'élever et se produire. Un seul ouvrage de chacun d'eux, exposé séparément, n'eût-il pas donné une importance, un caractère plus grandiose à notre Exposition?... Si ce n'était pas un grand service rendu pour l'enseignement aux jeunes générations, qui gagneront toujours davantage à ne s'adresser qu'aux Grecs et aux vieux maîtres, au moins, cela donnait-il un attrait considérable à notre trop monotone, trop vulgaire et surtout trop copieuse Exposition.....

Le rare, le délicat, le grand, le beau, le sensible, le vivant... Voilà les conditions essentielles, qui éternellement régneront comme des lois immuables dans tout ouvrage digne de s'appeler une véritable œuvre d'art.

Si cette exposition était comprise, ne devrait-elle pas prouver l'absurdité de ce désir immodéré des concours ; comme si jamais concours avait été autre chose que mensonge et duplicité. C'est comme si, parce qu'il plairait à un groupe de dandys de nier la lumière du soleil, il ne faisait plus jour en plein midi. Voilà pourtant ce qui arrive avec les concours.

L'Exposition, la monstrueuse exposition universelle de 1855, pourra s'écrier avec le poëte : « Que j'en ai vu mourir de jeunes filles !... » car où sont-ils ces lions de la mode, en France, en

Allemagne et en Angleterre, les Cornélius, les Landseer et Kaulback, les Decamps, les Couture, etc..... Les premiers, MM. Cornélius et de Kaulback, les deux peintres les plus célèbres de toute l'Allemagne, sont de beaucoup inférieurs à notre pauvre Abel de Pujol (1), dont vous vous êtes tant moqués, messieurs de la mode.....

Sir Landseer, s'il n'est l'homme le plus grave, est certes l'homme le plus gravé du siècle, le peintre le plus riche de notre temps. Son mérite aux yeux de la postérité sera léger, car il nous a prouvé dans tous ses ouvrages, répandus dans les deux hémisphères, qu'il n'a ni tête ni cœur. Son succès, sa fortune, sont incroyables pour nous, Français; ils s'expliquent parfaitement chez les Anglais : leur vie ennuyeuse, ennuyée, égoïste, ne leur permet qu'un plaisir borné dans l'ordre des jouissances intellectuelles. Ils n'entrevoient rien au delà de la possession d'une petite toile où une main habile, extraordinairement exercée, a brossé un poil de chat, une plume de perroquet, le museau d'un king's-charles, avec cette assurance prodigieuse, merveilleuse pour l'ignorant. L'ignorant se passionne avec frénésie au nom du *sport*, et de par la *gentry ;* il ne sait pas qu'il y a, dans les chefs-d'œuvre des grands maîtres, des maladresses adorables, l'expression sublime d'un sentiment profond, exquis. Voilà ce que les Anglais, voilà ce que les Américains et d'autres nations modernes ignorent et ignoreront probablement encore bien longtemps !.... Pour jouir de ces chefs-d'œuvre si

---

(1) (Allez voir son Ixion au musée du Luxembourg.) — Nous apprenons que son meilleur ouvrage, que son plafond du grand escalier du Louvre vient d'être détruit, ainsi que cet escalier célèbre, le meilleur ouvrage aussi des architectes Percier et Fontaine !... Les candélabres de M. Duban, l'architecte habile, l'homme de goût qui a si bien restauré la galerie de Henri II, ont été supprimés aussi. On ne respecte rien. On ferait bien mieux de supprimer la fâcheuse idée de placer quoi que ce puisse être au milieu de la cour du Louvre ancien, qui, par ses quatre portes à trois arcades qui se commandent, oblige raisonnablement à laisser le passage libre de l'est à l'ouest, comme du nord au midi.

pleins de naïveté, pour les comprendre, il faut sentir d'abord, puis savoir ensuite.

M. Decamps, lui, est un homme de beaucoup d'esprit dans son art. Fort jeune, il fut sans doute impressionné par la couleur, la bizarrerie des effets qu'il rencontra un jour qu'il allait se promener avec sa maman voir les lilas dans les prés Saint-Gervais, et que son œil fin, observateur, fut attiré par une pierre à plâtre, un morceau de gypse qui se trouvait dans le mur d'un clos où mûrissaient des groseilles à maquereau si chères à l'enfance. Cette pierre, aux nuances bitumineuses, zébrée de tons fauves, brillait, scintillait au soleil en zones blanchâtres, argentées, jaunes et dorées, qui frappèrent d'autant plus son regard, qu'elle se trouvait là confondue au milieu de ternes et pâteux moellons. N'avez-vous pas reconnu, cher lecteur, dans cette description à peu près vraie d'une de ces pierres schisteuses, tout le secret des tableaux de M. Decamps ? Je gagerais avec les plus endurcis de leur montrer toute la bataille des Cimbres dans une pierre à fusil, le tableau de la Patrouille turque dans une belle pierre que je ramasserais sur les buttes Chaumont, et toutes les autres toiles de M. Decamps, et les meilleures, dans des pierres que je ramasserais avec eux sur la butte Montmartre.

L'enfant se sentit donc, devant cette pierre si harmonieuse et si colorée, comme saisi d'une révélation de peintre, ce qui arrive fort à propos pour prouver *qu'un artiste, toute sa vie, ne fait que reproduire les premières impressions de son enfance.*

M. Decamps, en homme d'esprit qu'il est, a compris que, pour lui, faire vivre des hommes, des femmes, des animaux, des plantes, par la souplesse des tons, par la science du dessin, du modelé, des raccourcis, était chose longue à apprendre si elle n'était impossible à atteindre ; aussi résolut-il de mettre à profit son impression de la pierre à Jésus, et la réussite fut complète.

Pour les esprits sérieux, ce fut terrible ; ses succès obtenus sans avoir étudié, sans avoir appris, nous valurent cette armée formidable de peintres amateurs qui veulent gagner de l'argent, des honneurs, avec leur ignorante peinture, où l'emploi de la pâte, du mortier, du mastic, des glacis, menacent d'empoisonner le monde entier, si la gendarmerie ne vient pas s'en mêler. Il ne leur a manqué qu'une chose, l'esprit observateur de M. Decamps, son habileté, qui arrive à friser maintes fois le génie par un petit coin.

L'Orient fut heureusement choisi par M. Decamps pour l'exploitation de ses charmants croquis ; il eut bien raison. Quelle nature aurait mieux répondu à ses instincts de peintre coloriste que cette vie orientale, calme alors, somnolente, silhouettée, pétrifiée ? Où aurait-il trouvé ces grandes masses et ces contrastes d'un ciel bleu d'azur, où les maisons recouvertes de couches successives de chaux blanche, ont des ombres qui s'enlèvent en noir, et ces figures de femmes immobiles, en costumes bruns et noirs toujours d'un ton foncé, chaud, et toujours d'une sublime et puissante harmonie ? C'est là que M. Decamps retrouva dans son imagination parisienne les rêves de son enfance, cette première impression de la pierre à Jésus des Prés-Saint-Gervais. Depuis quinze ans, que de fois il a dû rire sous cape, lorsqu'il a vu la mode, les amateurs, le poser comme un dieu, et préférer ses toiles aux belles œuvres de MM. Ingres, Prudhon, Gudin, Delacroix, Granet, de Géricault, Léopold Robert, Schnetz, Léon Coignet et de Charlet (1), et de tant d'autres peintres très agréables, pleins d'esprit et de talent.

Le pauvre frère de M. Decamps est mort dans la misère, après avoir fait de la polémique dans les journaux, non loin des succès de celui qu'il se plaisait tant à admirer avec la bande

(1) Le peintre ordinaire du grognard de la république et de l'empire, fils d'un dragon mort sur le champ de bataille et d'une vivandière, sa mère, qui était folle de Napoléon Ier ; lui légua son culte à la même idole. Avec son petit broc à la barrière, assis au milieu des troupiers exaltant leur grand homme aux vapeurs du *petit vin bleu*, Charlet se trouvait le plus heureux des mortels en blaguant avec ses troupiers.

joyeuse des Jadin, des Guillemot, des Gangiran-Nanteuil, des carabins, des bohêmes littéraires, etc., etc., tous gaillards qui ne manquaient jamais à l'appel lorsqu'il s'agissait de prendre quelque plaisir, ne fût-ce que celui de dire : « Hier, j'ai vu Decamps, nous avons fumé vingt pipes ensemble; il fait un crâne tableau, et crânement empâté. » Pour M. Decamps, en politique profond, il se servait fort habilement de cette petite cour, de cette armée, qui lui préparait des triomphes. M. Decamps, mieux que tant d'autres, a su mettre à profit le produit de ses labeurs, ce qui lui valut des visites de princes, et entre autres celles de M. le duc d'Orléans, qui, un jour lui monta son habit, que le tailleur avait laissé chez son portier.

La première chose qui parut de lui fut une petite figure de moins d'un pied de hauteur, très adroitement touchée, où il y avait surtout un turban orné de petits dessins de toutes couleurs, faits avec une adresse extraordinaire.

C'était son début, et, comme il est arrivé à tant d'autres artistes de ce temps, cette petite toile est restée son chef-d'œuvre.

M. Decamps, le peintre aux harmonies pierreuses, dont les nuages sont autant de monolithes suspendus dans les airs, M. Decamps reste à l'Exposition ce qu'il a toujours été, ni plus ni moins; il reste donc un homme d'esprit, un habile. Je ne crois pourtant pas que ses tableaux, non plus que ses dessins, se cotent en hausse aujourd'hui à la bourse de ces messieurs, qui vous traitent les pauvres artistes à la manière de *vrais sportmen* qu'ils sont. Il doit y avoir eu des paris engagés entre la France et l'Angleterre sur Landseer et sur Decamps, tout à fait comme sur un pari pour miss *Eva* ou pour *Rabasson*.

Il nous resterait à parler du peintre des Romains de la décadence, de M. Couture (1) : sa pâleur devra augmenter terrible-

---

(1) M. Couture, à qui avait été commandé le tableau du *Départ de* 93 par le gouvernement de MM. Armand Marrast et Cavaignac, à cause de son enthousiasme républicain d'alors, sans doute, est chargé aujourd'hui de celui du

ment si sa conscience lui révèle un jour que l'audace sans la science, sans le sentiment, ne résiste pas longtemps ; si l'on ne peut prouver d'autres qualités dans l'art que celles d'un brosseur fort adroit..... Un jour peut-être lui sera-t-il donné de voir son sujet exécuté par M. Eugène Delacroix ou par M. Ingres. Chacun d'eux comprendra qu'il n'y a que deux manières de traiter ce sujet honteux de la décadence romaine : ou la bacchanale d'une orgie romaine avec la puissance fébrile que lui aurait donnée Rubens, ou bien la triste, la dégoûtante scène du lendemain de l'orgie, à l'heure où la pâle aurore vient éclairer d'une lumière blafarde ces femmes vertes, ces hommes cadavéreux de vice.

Contentez-vous, Monsieur Couture, d'être un bon peintre en décors, si faire se peut, en regardant les lourds et méchants cartons de M. Chenavard (1), si prétentieux, si faibles de science, si dépourvus de conscience ; le faux savoir de l'école

---

Baptême du Prince impérial dans l'église de Notre-Dame, sujet beaucoup mieux en rapport avec les facultés physiques et morales de M. Couture.

Hier nous avons vu son dernier ouvrage, la chapelle de la Vierge de Saint-Eustache, nous sommes forcé de modifier ce que nous avancions au sujet de la toile d'entr'acte de la *Décadence romaine* placée au musée du Luxembourg, et où nous trouvions à M. Couture des qualités de peintre en décors..... Aujourd'hui, devant ses peintures de Saint-Eustache nous soutenons, fort de l'approbation de tous ceux qui savent, que M. Couture n'est pas même un peintre décorateur sérieux, car il n'entend pas l'ordonnance, il ne sait pas la composition, il ignore l'art de la masse, et dessinant fort mal. En un mot, M. Couture manque complétement des sentiments naïfs et vrais qui font le grand artiste.....

(1) M. Chenavard, de Lyon, qui jusque-là avait vécu en artiste rentier, s'est montré à l'Hôtel-de-Ville, dès le 25 février 1848, courtisant les hommes du gouvernement provisoire, afin d'obtenir ce qui lui a été accordé par M. Ledru-Rollin, soutenu par M. Ch. Blanc, c'est-à-dire l'immense travail de peindre tout l'intérieur du Panthéon de sujets plus ou moins vagues et prétentieux. Cette commande si importante fut sollicitée et obtenue par lui au moment où tous les citoyens, bourgeois, nobles, riches et pauvres, les ouvriers de Paris et de la France entière, les boutiquiers mêmes, ne s'occupaient que de leur dévouement à la chose publique.

d'Ingres augmenté d'une vie de rentier dépensée à compulser de vieilles peintures dans les galeries et dans les cloîtres d'Italie ; pas le moindre naturel, un copieur de dessins des maîtres, sans âme, sans goût, le tout recouvert de la sauce moderne du fusin de M. Decamps dans des proportions colossales, avec l'aide de MM. Bézard, Brémont, Papety, etc...

Si ces succès obtenus par toutes sortes de moyens ne donnaient le change à l'opinion publique en faussant toute idée de morale, nous nous serions tus, comme nous nous taisons sur l'auteur de certains tableaux, comme nous nous tairons sur tant d'autres ; mais on veut nous en imposer ; ces gars-là se drapent en grands maîtres aux yeux du peuple ignorant ; ils ont l'audace de juger, de refuser même les œuvres de leurs maîtres ; à ceux donc qui savent, le devoir d'arracher le masque et de traduire le charlatanisme de ces êtres malades, malsains, devant le tribunal de la Vérité.

Au reste, cette exposition, si elle n'a pas rempli le but que l'on s'en proposait, aura remis bien des amours-propres excessifs à leur place ; il restera sur le carreau plus d'un de ces grands noms de la réclame des bons camarades, des déjeuners, des petits soupers, etc.

Point n'était besoin pour nous de voir tous ces ouvrages réunis à Paris. Dans l'art nous connaissions l'état de l'Europe, la supériorité incontestable des artistes français sur les artistes des autres nations ; quelques honnêtes individualités résisteront à la comparaison ; en Suisse deux noms ; en Allemagne quelques naïfs hébétés de l'art des primitifs ; en Angleterre quelques hommes maniérés, en Amérique l'exagération du maniérisme anglais représenté par onze noms.

Il nous resterait à parler un peu plus longuement des artistes qui, nés dans la première moitié du siècle, subissent la conséquence de ses malheurs ; c'est un ancien ordre de choses qui s'en va. Le soleil levant n'a pas encore paru sur l'horizon des beaux-arts; l'avenir des artistes est vague, incertain, inquiétant, plein d'ombres toutes noires; de grands fantômes en deuil traversent les airs, des sons lugubres se font entendre, et deux hommes, MM. Ingres et Delacroix, restent là dans l'histoire de l'art comme un pont qui doit servir à traverser du passé dans l'avenir. Leurs œuvres très remarquables, celles du premier, de M. Ingres, par le dessin, par la finesse du modelé, par une sensibilité excessive de la forme, du contour, joint à un coloris souvent juste de ton local et toujours distingué, d'une lignée tout italienne; l'autre, M. Eugène Delacroix, coloriste plus sensible à l'émotion qu'à la vigueur vraie, qu'à la noble, qu'à la grande expression : ce dernier prend ses quartiers de noblesse plutôt entre les Flandres et Venise. Tous deux pourtant, malgré leur supériorité comparative, sont, en résumé, des artistes jetés dans une époque de bâtardise et de décadence; ce sont plutôt des peintres de l'académie des inscriptions et belles-lettres, des archéologues, que de vrais peintres primesautiers. M. Ingres vous fait toujours penser à un vieux maître, à Raphaël, à Fra Bartholoméo, au Titien; M. Delacroix, lui, nous rappelle quelquefois complétement Paul Véronèse, comme dans ses Femmes d'Alger, et ce n'est pas peu de chose, dira-t-on; d'autres fois Rubens, mal content, un peu brutal, un peu rocailleux, un peu trop lâché, un peu lourd et haché. Dans son dessin, M. Ingres, à côté d'une certaine délicatesse, montre presque toujours une bizarrerie recherchée, qui lui donne, par un petit côté, une incontestable originalité. M. Delacroix, à son tour, et au même degré dans un sens tout opposé, prend aussi sa physionomie par la bizarrerie de son impression naturelle; sans elle il ne serait parmi les modernes qu'un imitateur de Géricault, qui était de par son vrai génie, le maître à tous les deux. Celui-ci, au lieu de procéder comme un imitateur, n'écoutait que la puissance de son tempérament vigoureux; aussi restera-t-il, dans sa Méduse et dans ses admirables dessins, le plus grand peintre, le seul vrai peintre de génie de son siècle... Ses ennemis, ses rivaux ont dû lui témoigner malgré eux toute l'admiration qu'il mérite en laissant sculpter deux fois son tombeau, cela me fait du bien. C'est un des plus doux et des meilleurs souvenirs de ma vie. Qu'il me soit permis de raconter quelques détails sur M. Ingres et sur M. Delacroix, afin de mieux faire comprendre au public les deux héros de l'Exposition universelle des beaux-arts.

Un jour, au moment où j'étais le seul élève de M. Pradier (1), le charmant sculpteur (qui aurait dû naître un siècle plus tôt, en pleine régence, pour se montrer tel qu'il était), dans l'heureux temps où je recevais sur mon dos, à l'école des Beaux-Arts, les coups de bâton qui lui étaient adressés, j'avais fait une esquisse pour être admis au concours du prix de Rome. M. Ingres, que je ne connaissais pas, mais dont, par comparaison, j'admirais fort les ouvrages, malgré certaines restrictions, conséquences de ma première éducation peut-être, fit remarquer à M. David (d'Angers) cette esquisse, la lui désignant comme la meilleure ; M. David lui dit que c'était aussi son opinion.

Les professeurs de l'école prirent seize de ces esquisses, et la mienne ne fut pas choisie parmi les seize. Le lendemain, qui était un dimanche, M. Ingres, avec cette suite, avec cette forte volonté, avec cette persévérante probité qu'il a su apporter à tout ce qui touche à son art, et cela pendant toute sa vie d'artiste,

(1) C'est à l'influence de deux hommes riches, MM. Auguste et Giraud, tous les deux ayant une passion pour la sculpture des Grecs, et tous les deux statuaires très distingués, que Pradier dut sa direction vers l'art raffiné des Athéniens, dont M. Lemot, son maître, ignorait la délicatesse et le charme, et dont Pradier ne comprit jamais, ni la simplicité ni la grandeur. MM. Giraud et Auguste avaient pour ainsi dire découvert Phidias et ses frises du Parthénon ; ils en avaient des collections en plâtre, chose fort rare alors. Pradier, David (d'Angers) et Géricault les virent et furent enthousiasmés ; David et Géricault traversèrent le détroit pour jouir de ces marbres sublimes dont M. Giraud avait eu les premiers plâtres qui fussent venus à Paris. Puis arriva la fameuse Vénus de Milo : l'art grec fut révélé à l'Occident.

ce qui est quelque chose, vint trouver M. Pradier et lui faire compliment de son élève. Pradier, avec sa brutale franchise toute montagnarde, me montrant à M. Ingres, dit : « C'est lui... » Alors M. Ingres, me prenant à part, me dit mille choses les plus encourageantes et les plus flatteuses, ajoutant dans sa bonté que certainement j'aurais le grand prix, que j'irais à Rome, car j'étais à ses yeux le plus fort des élèves du concours de l'année, etc. M. Ingres ne voulait pas croire que je ne fusse pas reçu le premier; mais je ne saurais peindre dans quelle fureur il se mit, lorsque je l'assurai que je n'avais pas même été admis parmi les seize élèves appelés à concourir à la figure de réception : nous étions en 1827, et ce n'était que la quatrième fois que j'étais mis hors du concours... Cette fois, au moins, grâce au hasard qui avait fait entrer M. Ingres dans la salle où étaient les sculptures de concours, je fus plus heureux dans mon malheur que les plus heureux, car M. Ingres me demanda mon esquisse, et il eut la générosité de m'offrir en échange son atelier, ses conseils et son amitié.

J'ai admiré M. Ingres, je l'ai suivi, je l'ai défendu dans un temps où sa supériorité, son talent, lui étaient niés non-seulement par le public, mais encore par les artistes. M. Gérard ne disait-il pas qu'il peignait en se bouchant un œil; Rossini, que la peinture de Ingres était du gris sur du gris, et mille autres folies. Si les deux hommes les plus spirituels de leur temps le traitaient de la sorte, on peut se faire une idée de la façon dont il était traité par les autres.

Je serai toujours rempli de reconnaissance pour les conseils qu'il m'a donnés dans son atelier d'élèves, où nous étions six, le noyau créateur, MM. Amaury Duval, Marcel Franchet, Franqueville, deux autres amateurs et moi. L'hiver suivant il est vrai que quelques autres élèves vinrent timidement assister aux leçons du maître : parmi eux Grevenich, Jouy, Sturler, puis Chenavard, Cornu, Lafond, les deux Flandrin, etc.; mais l'atelier, l'école de M. Ingres, ne prit véritablement son essor qu'après la révolution de 1830.

Croit-on que parce que j'ai sucé un lait généreux en recevant les conseils de l'homme que j'estimais le plus parmi les artistes vivants, je n'aurai pas le courage d'accomplir un devoir sacré en restant par la liberté dans toute la plénitude de mon esprit pour porter un jugement sur ses ouvrages? Ce serait une faiblesse dont je rougirais à mes propres yeux, et M. Ingres lui-même me désavouerait ; il ne reconnaîtrait certainement pas le jeune homme indépendant qui, en 1829, devant lui, et contre des flatteurs qui les attaquaient, défendait Géricault, Gros et Delacroix. Ce jeune homme a vieilli, il est devenu l'homme qui, dans les circonstances sérieuses, a montré qu'il n'obéissait jamais qu'à la voix de sa conscience. . . . .

. . . .

Ayant ainsi déblayé le terrain des miévreries, de sensibleries moutonnières, inutiles, infécondes, nous parlerons de M. Ingres avec tout le respect, toute l'admiration que ses œuvres nous inspirent ; mais aussi en ne voyant que l'art, que l'art seul, qui nous laisse intact dans le camp des libres penseurs, et qui nous donne le droit de planer au-dessus de mesquines personnalités.

M. Ingres, dont la carrière d'artiste se termine d'une manière officielle aussi glorieuse, aussi éclatante, a dans l'exposition de cette année, comme M. Eugène Delacroix, à peu de chose près, toute son œuvre réunie dans une seule salle... C'est donc avec connaissance de cause pour ceux qui savent, que M. Ingres va être apprécié et jugé.

Pour lui, en dehors de toute coterie, soit amie, soit ennemie, la postérité commence. Il lui a été difficile de se faire accepter, mais, contre la malveillance de ses rivaux, il peut se vanter d'avoir une belle revanche. Reste à savoir maintenant ce que pèsera son œuvre à côté de l'œuvre de Lesueur, du Poussin, de

Jouvenet et de Lenain, voire même celle de son maître Louis David (1).

Pour Géricault, tout sincère ami de la peinture versera des larmes intarissables sur la tombe de ce généreux enfant gâté de la nature. Se croyant bien quelque chose lorsqu'il voyait les chevaux, la peinture des Vernet avoir tant de succès ; mais désespéré, dans le doute d'arriver à se faire estimer par ses œuvres, il a jeté sa vie au vent (2).

Que de regrets devant cette toile des naufragés de *la Méduse!* Que de soupirs devant ces admirables dessins de chevaux lithographiés, de ces petits dessins à la mine de plomb, supérieurs par la puissance, par le naturel, par le génie, par la seule délicatesse du trait du crayon, à tous les plus fins dessins de M. Ingres. Je vais plus loin : les chevaux de Géricault sont plus vivants, plus robustes, plus nobles d'allure et de mouvements, plus vrais, en un mot, que les admirables chevaux de la frise du Parthénon. Gloire, gloire à notre pauvre et cher Géricault !

Celui-là était trop fort pour être compris de la niaise aristocratie du temps où il vivait, non plus que des officiers de l'Empire qui, par leur intelligence et par leur éducation, s'élevaient tout au plus jusqu'aux deux Vernet.

Revenons à M. Ingres. Son prix de Rome, obtenu en 1801,

---

(1) Le grand grief de M. Ingres contre les artistes vivants ses confrères, ses émules et ses rivaux, *c'est de chercher à inventer dans l'art*, comme si le génie, l'invention, une impression naïve, originale, étaient choses si communes dans notre siècle et si fort à dédaigner...

(2) Dans des lettres de Charlet qui vont être incessamment publiées, on verra, malgré sa fortune, à quels découragements ce pauvre Géricault était arrivé, pour s'être positivement asphyxié à Londres, où il restait mort étendu sur son lit, ayant déjà perdu connaissance par l'effet du charbon de plusieurs réchauds allumés par lui et arrangés autour de son lit pour son suicide, que la présence inattendue de Charlet fit avorter par une plaisanterie, par une charge d'atelier.

donne la mesure de son talent. Comme tous les artistes éminents, il donne son cachet dès le début. Jamais, pas plus que M. Eugène Delacroix dans son tableau du Dante, M. Ingres n'a été plus loin, si ce n'est dans son étude de Baigneuse assise vue de dos, dans sa Vénus debout entourée d'enfants, et dans sa chapelle sixtine. Là, comme dans quelques autres parties de ses tableaux, il est souple de ton, gras et fin de modelé, et très harmonieux de couleurs. Dans cette peinture de Vénus comme dans son Philippe V, M. Ingres doit réunir les suffrages des plus difficiles, car ce qui, dans ses autres ouvrages, notamment dans le saint Symphorien, dans l'OEdipe, dans la Francesca di Rimini et Paolo, dans la Stratonice, et dans tant d'autres de ses tableaux, malgré certaine beauté d'exécution de détails, est jugé avec une sorte de raison comme bizarre et par trop caractérisé, est ici parfaitement vrai; il ne faut pas oublier que, du dessin de caractère à la caricature, au grotesque, il n'y a qu'un pas, l'épaisseur d'un cheveu. C'est là ce qui pourrait expliquer la lutte que M. Ingres eut à soutenir contre les artistes ses contemporains. Nier que la mauvaise foi en ait fait son profit, ce serait nier un fait qui, désormais, appartient à l'histoire de l'art.

Toutes ces habiles manœuvres n'ont pu empêcher M. Ingres, en résumé, d'avoir une influence considérable sur tous les artistes français et étrangers de son temps; depuis vingt ans d'avoir été la préoccupation continuelle de tous ceux qui, même parmi les plus intelligents, ne sont pas venus s'asseoir sur les bancs de son école (**1**).

(**1**) Malgré cela, il ne faudrait pas croire que ces réputations, que ces hautes positions comparatives arrivent toutes seules et par le mérite seul des œuvres, non, ce serait une grave erreur... Je maintiens qu'il n'y a pas de roueries diplomatiques, de coquetteries féminines, qui puissent lutter avec les efforts, la tension d'esprit, et trop souvent avec les moyens peu avouables, les petites bassesses, la prostitution morale même, etc., le tout fait dans l'ombre et dans la coulisse... Ce qui n'empêche pas que, sur la scène, pour le public, l'artiste arrivant à la célé-

Et de tout ce bruit inutile, de ce mélange singulier de couronnes et d'injures, il ne restera finalement que ce que nous voyons exposé cette année, puis de fort jolis dessins... M. Ingres a pu se plaindre de l'injustice des hommes, il en avait le droit alors; mais aujourd'hui, quoique peu fortuné, tout doit être réparé par la grande manifestation, par l'ovation qui termine sa vie laborieuse. C'est avoir du bonheur que d'avoir une si belle fin de carrière; ce qui vaut mieux c'est que ce bonheur soit mérité, ce qui arrive rarement. Voilà pour ses œuvres; pour sa personne, ce serait plus important. De ses élèves comme de ceux de tout autre maître, il n'est resté debout que ceux qui avaient quelque peu de valeur individuelle. L'enseignement traditionnel est une base excellente, seulement un bon point de départ; le reste, ce qui ne ressort pas des qualités natives de l'individu, s'éteint, ne compte pas, n'existe pas...

M. Ingres a eu cet insigne honneur que, sans cesser d'être contesté, il avait le pouvoir d'exercer une influence presque surnaturelle sur ses rivaux, sur ceux-là même qui l'avaient de beaucoup dépassé par le succès. Je n'oublierai jamais que je me trouvais seul dans l'atelier du maître au moment où Gros, son compatriote, son ennemi et son rival alors, vint visiter le plafond d'Homère (1).

brité ne soit toujours fort intéressant. Et le public a raison ; car s'il ne résiste pas toujours, le véritable artiste, en commençant, dédaigne les mauvais moyens; mais lorsque, accablé par de dures nécessités sociales, il se trouve placé entre le suicide et l'intrigue, combien y en a-t-il, combien peut-il y en avoir qui, raisonnablement dans l'état ordinaire de la vie, puissent ou doivent choisir la ciguë?

(1) Dans un jugement à l'École des Beaux-Arts, les deux antagonistes se prirent de querelle sur l'appréciation de l'œuvre d'un de leurs élèves : M. Ingres se plaignait amèrement à ses collègues du peu de goût de leur confrère Gros, qu'il nommait « *ce pathos de Gros.* » A quoi Gros répondit « *cette panthère d'Ingres !* » Tels étaient alors les aimables rapports de ces deux grands artistes, deux compatriotes de deux villes très voisines du Midi, l'un de Toulouse, M. Gros, et l'autre, M. Ingres, de Montauban, et tous les deux élèves du même maître, du peintre Louis David.

Je vois encore l'effet prodigieux reproduit sur les traits pâles, la vibration des lèvres de cette tête si belle, plus qu'expressive de Gros, le peintre de la bataille d'Aboukir, d'Eylau, et des pestiférés de Jaffa. Il était tout bouleversé, il avait en face de cette peinture si sobre comme un pressentiment de sa triste fin. Sans m'en rendre compte, j'en avais d'émotion des larmes qui me roulaient dans les yeux... Que d'autres ont changé de manière de faire depuis que M. Ingres est entré en faveur au nom de la mode, ce qui prouve que l'homme fortement convaincu s'impose toujours à l'admiration de la foule.

Il nous resterait à dire bien d'autres choses; qu'il nous suffise de signaler un fait qui restera le fait capital dans l'œuvre de M. Ingres. Si dans sa vieillesse il perd de cette rigidité sentie d'un trait mordant, il y gagne une souplesse, un charme étourdissant; et quelle main, et quelle adresse, et quelle dextérité et surtout quelle jeunesse il y a dans ses derniers ouvrages! Quelle fraîcheur, mon Dieu! que d'amour dans ce portrait de jeune femme blonde! n'est-elle pas imprégnée tout entière dans la Vénus du maître? Est-ce que sans la bonne fortune de ce délicieux portrait, M. Ingres pouvait finir sa petite *Vénus Anadyomène*, si admirablement vivante, si délicieusement peinte et si amoureusement modelée?... Non, non, non, mille fois non!... sans elle, jamais; non, sans son souffle inspirateur il ne le pouvait pas. Ces jolies femmes font des miracles d'un homme de quatre-vingts ans, elles vous en font un amoureux de quinze ans : c'est sans doute pour cela qu'on les appelle des diables roses. Avant de quitter M. Ingres, à qui nous avons pu déplaire quelquefois malgré nous, et par notre franche allure dans notre art et par nos idées d'enfant du dix-neuvième siècle, nous ne pouvons taire les douces impressions, les véritables jouissances que nous avons éprouvées chaque fois que, devant l'un de ses ouvrages, nous nous unissions de cœur et d'âme à sa pensée, à ses amours, à ses préoccupations. C'était délicieux et bon comme quand nous suivions attentivement son archet, exprimant, dessinant, chantant avec une tendresse infinie les mélodies de Mozart. Il est certain que l'artiste qui vous cause une semblable impression est un grand, un véritable grand artiste... Peut-être aussi sommes-nous trop taquins, trop *critiqueurs*, nous autres Parisiens (1)?

Pour M. Eugène Delacroix, lui, dans son Massacre de Chio, dans son Baudoin à Constantinople, dans sa Noce juive, dans ses petits tableaux comme l'Évêque de Liége, les Deux Foscari, le Prisonnier de Chillon, et dans presque tous ses autres ouvrages, il a comme couleur la même somme de qualités que M. Ingres possède par le dessin ; non pas qu'il n'y ait dans ses tableaux de grandes qualités de jet, de tournure et de dessin empruntées aux vieux maîtres, de même que dans les tableaux de M. Ingres il y a aussi de grandes qualités de couleur, empruntées aux vieux maîtres aussi, comme s'il était possible d'être un peintre, un sculpteur, un architecte distingué sans dessin, sans couleur et sans modelé. On les tourmente, ou,

(1) Puis, sans cesser d'apprécier le mérite d'un artiste par ses côtés les plus transcendants, on ne peut, telle bonne volonté qu'on y apporte, accepter ses faiblesses, ses bizarreries, et même quelque chose de plus laid encore. Jusqu'où peut aller la vénération pour un homme qui crie, qui pleure, qui se désespère le jour et la nuit lorsqu'il a perdu son chat, et qui reste presque froid à la mort de sa femme, à la perte de la vieille compagne de sa vie de misère, et qui, si peu reconnaissant à cette mémoire adorée, s'en va convoler à un nouveau mariage peu de temps après cette perte, malgré l'âge respectable de soixante-quinze ans? N'est-ce pas le même homme qui, nommé directeur de l'école de France, à Rome, sous Louis-Philippe, exécutait en cachette, avant son départ, le ridicule portrait du roi Charles X, en pied. C'est le même artiste baroque qui, s'étalant dans une loge découverte au théâtre Italien, affectait publiquement de se boucher les oreilles aux suaves mélodies de Rossini ; c'est enfin le pauvre homme qui, le lendemain des fatales journées de juin, en 1848, au moment où Paris était si abattu, si triste, si désolé, trouvait la force de crier *væ victis!* aux petits gardes mobiles qui passaient triomphants sur la place de l'Institut... Est-ce une punition suprême? Hier, j'ai acheté un portrait de Marat qui ressemble parfaitement à M. Ingres lorsqu'il avait cinquante ans.

pour mieux dire, on les a tourmentés pour les qualités qu'ils n'avaient pas; aujourd'hui on commence à leur rendre justice pour les qualités qu'ils n'ont pas cessé d'avoir.

Heureusement pour eux, ils ont assez vécu pour jouir un peu de leur talent, de leur célébrité; morts quinze ans plus tôt, s'ils ne mouraient tout à fait méconnus, au moins fussent-ils morts artistes de second, de troisième ordre, et d'un talent fort contesté par les amateurs, par leurs confrères les artistes, par tout le monde en un mot. Nous n'avons pas oublié que leur nom, prononcé devant les oracles de la mode dans les salons en 1828, faisait hausser les épaules de pitié.

Et cela, je le répète, s'explique parfaitement, et aujourd'hui encore, devant l'œuvre entière de M. Ingres, en face de ses morceaux les plus exquis à son point de vue intime. J'avais le mot de l'énigme, ces gens qui étaient là n'y comprenaient rien; ils restaient froids, inquiets, comme l'Œdipe cherchant le mot du Sphinx, et tous s'en allaient tristement, n'y ayant rien compris, mais remplis de sentiments respectueux. Ils trouvaient cela bien fini, disaient-ils, afin de rendre hommage à la célébrité imposée à l'opinion publique.

C'est que M. Ingres est fragmentaire, plus analytique que synthétique, plus raisonneur sensible par certains côtés des formes dans l'art, que passionné pour ce qui bat dans le cœur de l'homme, sans drame réel en un mot; sculpteur peintre, plutôt que peintre, sculpteur et architecte; rageur de détail, piétinant en femme sur la tombe de son ennemi mort, mais incapable de se tenir en face de cet ennemi armé de toutes pièces pour résister à ses coups, aimant mieux qu'une autre se charge de la besogne, et cela sans manquer de courage toutefois: il lui en a fallu beaucoup, à M. Ingres, pour vivre comme il a vécu dans son art pendant sa longue carrière.

M. Delacroix, nié comme M. Ingres, mais moins compris que lui encore par les salons et par les masses populaires, parce que sa peinture pour les ignorants n'est pas assez léchée, elle ne leur semble pas finie; plus dramatique que celle de M. Ingres; plus humaine dans l'action, mais trop recherchée, elle manque par trop peu de tempérament pour arriver à faire ressentir une sensation complète à ceux qui, sans être artistes, auraient envie de l'admirer; c'est, comme pour M. Ingres, une infime partie du public qui peut apprécier ses éminentes qualités de peintre véritablement coloriste.

C'est chose singulière, vraiment, que le jugement des artistes sur les ouvrages de leurs émules, de leurs contemporains! Au fond, c'est plus amusant que la critique des critiques de profession, et toujours il s'y trouve une bonne dose de vérité. Ainsi, un jour, un grand admirateur d'Eugène Delacroix, un artiste très intelligent dont je tairai le nom, mon désir étant de relever les cœurs et non pas d'exciter les passions, ce chaleureux, cet enthousiaste ami de Delacroix, ordinairement l'un des champions des qualités éminentes du peintre du Dante et de Médée, était dans une certaine veine, et ce jour-là nous vînmes à causer du coloriste favori; et le voilà, contre son ordinaire, qui se met à frapper à outrance sur ce pauvre Delacroix, me disant : « Mais c'est un singe, un macaque, que cet homme! Jamais il n'a su faire une tête qui fût une tête humaine, pas plus qu'il n'a fait une draperie qui ne soit une loque, un chiffon! C'est un torche-pinceau que sa palette! Il ne peint pas non plus avec des brosses : c'est une éponge dont il se sert, et qu'il jette au hasard sur sa toile! C'est, je vous le répète, un artiste sans puissance réelle, sans tempérament. » Et bien d'autres choses, et de plus fortes encore... tout cela dit avec une verve, un sérieux, une conviction qui sortaient du fond des entrailles du narrateur.

J'étais ébahi! Nonobstant, je suivais non sans un certain intérêt cette bizarre contradiction; ce fut pour moi l'occasion d'une étude dont le résultat fut ceci : *Un artiste, lorsqu'il sent véritablement, est toujours vrai sous l'influence immédiate de ses impressions.* S'il est sous le charme des chefs-d'œuvre des Grecs, de Léonard de Vinci, de Raphaël, de Michel-Ange, des grands dessinateurs, gare aux coloristes, aux capricieux! il devient à leur sujet d'une injustice, d'une déraison, d'une partialité incroyables. Retournez la question; s'il est au contraire dominé par le prestige des coloristes, son aveugle passion le fait se retourner contre les dessinateurs. C'est dans cet ordre d'idées que l'artiste en question comparait tous les tableaux de M. Delacroix, comme effet de couleur, à un kaléidoscope, et d'autres artistes, quoique admirateurs très enthousiastes de M. Ingres, comparaient ses tableaux à des statues d'ivoire polies et coloriées, ou à des copies d'images de sainteté du xive siècle.

Il nous resterait à parler de l'architecture avant de finir par la sculpture; mais, nous l'avons dit en commençant, tout en reconnaissant le mérite de quelques architectes modernes, prouvé par toutes les constructions qui, en ce moment sortent de terre comme par enchantement, nous ne pouvons taire que dans cette branche de l'art le génie manque plus qu'ailleurs encore; si les pensionnaires de Rome ne faisaient pas ces jolis dessins d'après les monuments, qui perdent bien de leur prix aujourd'hui que la photographie produit ses dessins si miraculeux, lorsque surtout ils représentent des détails de sculpture et d'architecture, ce serait à renoncer à en parler (1).

Quand nous entrerions dans tous les détails avec les termes techniques de l'*architecture* que le lecteur ne comprendrait pas...

---

(1) Nous avons pourtant, comme goût et comme savoir, des architectes d'un vrai talent : Je citerai M. Labrouste, qui vient de faire une excellente restauration de la Bibliothèque, M. Gilbert, qui a fait un monument vraiment remarquable comme effet décoratif à Charenton, M. Cendrier, M. Questel et d'autres encore savent bien leur métier, mais ils manquent de génie; les jolis Cirques de M. Hitorff, aux Champs-Élysées, M. Nicole, et d'autres jeunes hommes qui cherchent à trouver un idéal moderne exprimé dans l'architecture autrement que par l'emploi de la même colonne, du même chapiteau, du même arc doubleau, du même entablement, etc., etc.

Ne vaut-il pas mieux dire crûment que l'architecture gothique, avec ses milliers de millions de détails, est une architecture dont la forme générale, pointue, anguleuse, repousse les grands principes de l'art, qui sont, dans la grande masse, dans la belle ligne simple, dans l'unité ;

Que l'architecture de la renaissance, avec ses charmants détails si pleins de fioritures et de goût, n'est pas plus en rapport avec nos mœurs qu'avec nos besoins ;

Qu'enfin, l'architecture si admirable des Grecs, en si parfaite harmonie avec leur état social, n'est plus chez nous qu'un anachronisme servile et un contre-sens ?

Depuis trente ans la France est atteinte d'une maladie dont elle aura beaucoup de peine à se guérir, c'est celle de ne pas se sentir vivre ailleurs que dans l'imitation des monuments du passé. Et parmi les plus curieuses preuves de ce mal qui ronge l'individu dans notre milieu social, il faut citer l'idée phénoménale d'avoir fait refaire sur une simple description écrite, la statue de Minerve en ivoire et en or (1). L'œuvre de Phidias sera rétablie par un sculpteur de nos jours ! Celui-là qui, par nécessité sans doute, a eu le triste courage d'exécuter une telle œuvre, celui-là peut être assuré, si par malheur on s'occupait de son œuvre un jour, d'être fouetté et bafoué par les sarcasmes de nos neveux.

Nous avons laissé au livret et au plan, que pour cinquante centimes on vous donne en entrant, le soin d'expliquer la place

---

(1) Le public a pu juger si notre observation était juste. La statue de Minerve, en ivoire et en or, a été exposée, et elle n'a pas eu de succès, *ce qui est une injustice*, car il faut dire, pour être vrai, que l'auteur en a fait ce qu'aucun autre statuaire moderne n'en aurait pu faire à sa place ; qu'elle est le meilleur ouvrage, qu'elle restera le chef-d'œuvre de M. Simart... Ce qui n'empêche pas que M. le duc de Luynes aurait beaucoup mieux fait de commander pour la même somme, à M. Simart ou à tout autre artiste de son choix, une œuvre originale sortie du cœur et du cerveau de celui à qui il aurait fait la commande. N'était-ce pas une manière plus intelligente d'encourager l'art contemporain ?

des objets. Dans la galerie du premier étage se trouvent de curieux dessins, qui prennent une importance relative lorsque l'on peut, comme il m'arrive, faire quelques rapprochements. Ainsi l'Angleterre, c'est connu, est le pays de l'aquarelle; aussi a-t-elle une large, très large part dans cette galerie de l'exposition. C'était justice, car là seulement se trouve dans les dessins le génie particulier des nations. Voyez avec quelle adresse la couleur à l'eau, qui s'allie si bien avec les brouillards de l'Angleterre, est maniée par les artistes anglais; remarquez aussi, lorsque vous serez en face du mauvais et ridicule dessin du palais de Westminster, à quelle stupidité monumentale peuvent être conduits des artistes intelligents, de talent même, par l'admiration de l'architecture des gothiques.

Si la science et la raison pouvaient enfin présider à la direction morale des beaux-arts, est-ce que ce gothique si antipathique aux saines et grandes lois de l'unité dans l'art ne devrait pas être flétri à jamais? Cet art, petit, mesquin, qui fourmille de mille détails qui ont la prétention de lutter avec la dentelle, avec les feuillages des arbres des plantes, que sais-je, moi? mille folies plus extravagantes les unes que les autres, que des rêve-creux, que des fous, que des illuminés, que des sots, ou de très malins, ont pu seuls préconiser. Songez un peu à quelle anomalie on s'expose en suivant de fausses traditions, transmises par des religions toutes d'extase, insaisissables à la vie humaine, par la pratique, par la réalité; ainsi, c'est dans le pays le plus humide, le plus brumeux, dans le pays où il pleut davantage en Europe, que l'on s'applique à construire des édifices où d'innombrables détails sont fouillés dans la pierre comme autant de réservoirs pour y conserver l'eau, comme si les brouillards, les eaux de la pluie, ne pouvaient suffire à l'étiolement de cette race d'hommes, de femmes et d'enfants qui, chaque année, voient s'accroître parmi eux le nombre des phthisies pulmonaires.

Pour qui réfléchit, n'est-ce pas bizarre que les peuples qui ont construit les monuments les plus simples soient justement les Égyptiens et les Grecs, eux qui vivent dans des climats séchés par le soleil, tandis que les peuples du Nord, vivant dans l'humidité, ayant à préserver leurs chairs et leurs os de ce contact atrophiant, délétère, se sont plu à construire les leurs de façon à ne respirer dans les rues de leurs villes que l'air vicié d'une eau croupie dans le creux de leurs édifices si pleins de trous à conserver des flaques d'eaux puantes?... Quand ce ne serait qu'au point de vue de l'hygiène publique, ces monuments devraient être défendus.

Mais laissons la sottise humaine s'user sur la dent corrosive du temps et revenons à nos artistes anglais, si habiles à manier les couleurs à l'aquarelle. Le détail que je vais raconter est tiré de mes observations personnelles pendant mon séjour en Angleterre; il servira une fois de plus à prouver l'épaisseur des cervelles de nos amis les alliés, des Anglais; il servira à prouver une fois de plus aussi que dans ce pays, gouverné par une aristocratie toute financière, le rôle de la vraie intelligence, de la capacité réelle, est, plus qu'on ne le suppose, sacrifié. Malgré l'adresse merveilleuse, l'astuce de ses hommes d'Etat, l'Angleterre vient de recevoir une leçon dans la guerre qu'elle soutient de concert avec la France; leçon, qui, je l'espère, profitera à ses artistes, aussi bien qu'à tous ses autres nationaux.

Voici la preuve de la fâcheuse influence de cette aristocratie anglaise, si fière de ses richesses et si ignorante (1)! A côté de l'homme à la mode chez elle, de M. Landseer, il y a des

---

(1) Chez nous, en France, il n'y a plus d'amateurs d'art : on ne peut appeler ainsi ce groupe de joueurs de bourse qui n'encouragent, qui n'achètent que de la petite peinture, que des petits tableaux dignes d'orner le boudoir de leurs lorettes, et qui, en les achetant, espèrent encore gagner dessus en les revendant plus tard à des étrangers. Dans ces petites toiles, il y a souvent beaucoup d'esprit

hommes tout aussi habiles, plus impressionnés peut-être, plus artistes à leur façon, qui font des aquarelles, des marines, de grands dessins admirables d'adresse, de ton, de lumière et d'harmonie. Ces pauvres diables arrivent un matin, de très bonne heure, afin de n'être pas vus, dans l'intérêt de la maison en réputation, chez un Colnaghy, par exemple, où viendront dans la journée un lord Landsdowne, un Brougham, un Ellesmere portant dans leurs poches de paletots, vêtus en vrais coachmann, une langouste, une tortue, un panier de fraises ou du raisin de Fontainebleau qu'ils auront acheté en passant à Hay-Market ou bien au marché de Covent-Garden. Le Colnaghy tirera bien quelquefois de ce dessin une centaine de livres sterling, d'autres fois cinquante, selon le degré où l'amateur aura été monté, chauffé, à la vue de ce dessin qu'il ne cédera jamais à moins de vingt livres, jamais moins, entendez-le bien ; et moi j'ai vu payer ces dessins cinq à six shillings, jamais plus d'une livre, à ces pauvres artistes honteux, venus dans un accoutrement, dans une misère tout irlandaise.

Ces malheureux artistes vivent à quelques lieues de Londres, avec leurs pauvres femmes, leurs jolis enfants qui grouillent dans la brume comme des grenouilles, dans les houblonnières humides, riant, buissonnant, jouant, se poussant dans des massifs de houx.

Lorsqu'ils sortent des écoles de la paroisse où ils sont admis, et où ils apprennent à lire et à écrire tous de la même écriture anglaise que vous savez, sous le patronage supérieur des ladies, puis sous l'œil moitié humide, moitié sévère de quelques mistress qui ne cessent de leur répéter le mot *schocking* jusqu'au

---

de dépensé. De pauvres artistes se sont mis l'âme à la torture pour ranimer le goût émoussé, alourdi de leurs acquéreurs, de leurs Mécènes, gens énervés dans les tripotages de la hausse et de la baisse ; dont le goût épuisé, dégradé même le plus souvent, a besoin, pour se réveiller, de tout le ragoût, de toute la tatouille appétissante de nos jeunes peintres à la mode.

jour où les garçons seront envoyés dans l'Inde, monteront sur un bâtiment de l'État ou du commerce, ou bien entreront commis dans une maison de la Cité, place très difficile à obtenir parce qu'elle est fort recherchée.

Pour les pauvres filles pâles, blondes et roses de cette cruelle Albion, sous le patronage de mistress Trop-maigre, elles seront incorporées dans le troupeau des jeunes filles de la paroisse, où elles suivront assidûment les cérémonies tristes, énervantes, somnolentes du culte protestant. La voix monotone du pasteur, chaque dimanche, chaque jour de fête, aura le pouvoir de les faire tomber dans un sommeil léthargique qui pèsera sur elles encore le soir à la réunion de la famille où elles boiront cette composition malsaine d'eau bouillie qui s'appelle le thé. Cela ira ainsi jusqu'au jour où les plus heureuses trouveront un honnête ouvrier qui leur offrira sa misère à partager. Si elles ont le malheur de goûter au gin, elles iront courir les rues à Londres, à Birmingham, à Manchester, jusqu'au moment où elles seront enlevées par une presse de la police et transportées en masse à Botany-Bay.

A côté de cet artiste si malheureux et si plein de talent, dont la race entière est frappée comme une race prédestinée, comme une race de parias, il y a en Angleterre place pour tel autre artiste qui n'aura pas de talent du tout, et qui pourtant vivra très comfortablement avec une charmante maison à la porte de l'un des parks les plus fréquentés, à Hyde-Park, à Regents-Park, à Islington, etc. Il ne gagnera pas chaque année, certes, les deux cent mille francs que gagne M. Landseer ; mais nous pouvons assurer en avoir vu dont le talent était plus que médiocre, et qui gagnaient bien de trente à quarante mille francs par an. Lorsque ces bons Anglais se passionnent pour un artiste, il est riche, sa fortune est faite. Ainsi, j'ai vu un jour payer cent mille francs par un évêque protestant un paysage du peintre anglais Gainsboroug.

Voilà pour les peintres en Angleterre ; pour des architectes artistes, il n'y en a point, mais il y a des ingénieurs, architectes, constructeurs, qui ont une grande science, une grande pratique, un vrai savoir. Pour les sculpteurs, le même phénomène observé chez les peintres existe tout entier, mais plus fort pour les sculpteurs peut-être encore ; la sculpture étant un art plus pur, plus naïf, les Anglais, qui s'y passionnent pourtant, n'y comprennent plus rien du tout. Après M. Beehnes et quelques autres artistes anglais qui ne sont pas dépourvus d'un certain talent, comme faiseurs de bustes, mais où il y a toujours une pointe de ce mauvais goût, roide, forcé, maniéré, faux, qui choque l'homme qui sent bien ; nous avons vu à Londres une espèce de brute, un sauvage de la pire espèce, un sauvage, qui est l'expression la plus pénible de la civilisation maniérée faussement expressive de cette nation anglaise, si baroque, si singulière, au milieu même de ses grandes et excellentes qualités ; ce côté enfin qui fait que, pour un artiste vraiment doué, vivre à Londres est le supplice le plus dur, le plus cruel, qui puisse lui être infligé. Ce sauvage, ce sculpteur, dont la statuaire est intraduisible, même par le côté critique, grotesque ou comique, gagne assez à Londres pour entretenir dans ce pays où tout coûte si cher, et surtout les logements, une grande galerie d'immenses ateliers, dix fois plus grands que ceux que Canova et Thorwaldsen ont jamais eus à Rome, aux plus beaux jours de leur célébrité européenne.

Lorsque je me trouvai au milieu de ces horribles et grossières statues, de ces grands groupes si mal composés, si bêtement et si lourdement modelés, entretenus perpétuellement à neuf à l'aide d'une affreuse couche luisante de peinture à l'huile de couleur d'ocre jaune, je fus saisi d'un affreux cauchemar, d'un trouble et d'un découragement dont je ne me fusse jamais guéri, si, me jetant dans un cab qui passait à la porte de ce monsieur, que fort heureusement encore je n'avais pas rencontré, pour rompre le charme infernal de cette *jettatura* maudite, je ne me fusse fait conduire bien vite, quoiqu'il fût déjà tard, au British Museum, où je soulageai mon âme devant l'œuvre immortelle de Phidias, dont les mânes doivent frémir, et dont l'âme a dû s'élancer du fond des enfers, pour s'attacher comme un remords à l'âme d'Elgin du jour où il a vu le noble lord arracher son fronton du Parthénon, et transporter sous le ciel brumeux de l'Angleterre ses chefs-d'œuvre, ses beaux marbres si roses de Paros, où les paillettes brillantes aspiraient les rayons du soleil de la mer Égée. Ils sont là, se cachent, honteux, grelottants et glacés, sous l'humide couche sale, noirâtre, de la neige de Londres. La neige de Londres, c'est ainsi que, par dérision, les étrangers nomment les globules noirs formés par la fumée du charbon de terre qui s'échappe de chaque foyer de Londres. On peut juger quelle quantité il en tombe dans une journée, si l'on se rappelle qu'il n'y a pas telle pauvre maison qui n'ait sa bouilloire en permanence au feu devant la cheminée, où son beefsteack et ses pommes de terre cuisent continuellement.

Additionnez un peu, grands mathématiciens, ce que continuellement deux millions d'estomacs anglais à satisfaire doivent produire de globules noirs par minute ; et plaignez avec moi ces beaux marbres d'Athènes.... Lecteurs, chers lecteurs, mes bons amis, signez donc avec moi une pétition monstre, où le monde moderne apposera sa signature à cent millions de millions de noms propres, pour que ces délicieux marbres soient reportés à Athènes, avec tous les honneurs, avec toute la pompe qui sont dus à leur rang si élevé dans l'art.

Le jour de cette grande fête de l'humanité, voyez-vous, amis lecteurs, eh bien ! nous pourrons être plus fiers et surtout plus heureux que le jour de la plus grande victoire....

Ne croyez donc pas qu'en parlant ainsi je sorte de mon sujet. Ma Revue de l'Exposition est synthétique, ne l'oubliez pas, et j'ai le droit, qui plus est le devoir, de parler de tout ce qui s'y rattache ; j'use donc de mon droit en accomplissant mon devoir. Et comment aurai-je pu me taire en étant dans le quartier des Anglais, comment aurai-je pu parler de ces artistes sans protester de la spoliation commise contre ces pauvres Grecs par lord Elgin ; ce crime est horrible, car c'est un rapt qui lèse l'humanité ! Un révolutionnaire français de mes amis a écrit un livre célèbre intitulé des *Contradictions économiques*, il en reste un curieux à faire, c'est celui des *contradictions excentriques du peuple anglais*.

S'il est triste de voir des hommes perdre leur temps en produisant de mauvaises peintures, il est plus que pénible, il est honteux pour l'honneur de l'humanité, de voir se transmettre aux âges futurs, dans le marbre, la preuve matérielle de la sottise, de la grossière stupidité. C'est pourtant le plus souvent ce qui arrive en sculpture dans notre société moderne, qui tend à se faire américaine, à s'anglomaniser ; c'est tout simple et tout aussi naturel que l'arbre, que le pommier qui rapporte ses fruits.

Voici comment on procède pour avoir des sculpteurs chez nous. Dans une école de dessin de province, car il y a une école spéciale de dessin dans chaque ville de France (nous n'en sommes pas encore arrivés à comprendre que tous doivent apprendre à dessiner en même temps qu'ils apprennent à lire et à écrire !) ; dans cette école, il y a, par exemple, l'enfant du menuisier d'à côté qui montre plus de dispositions, ou, pour être plus vrai, qui est un élève plus assidu, plus docile que l'enfant du forgeron. Par l'affection du maître, il gagne la protection de M. le maire, qui lui gagne à son tour celle du conseil municipal, celle du conseil général, et enfin celle de M. le préfet. Ce garçon-là est appelé, dit-on, à être l'une des gloires de la ville, du département, de la France entière ! On va l'envoyer à Paris avec une pension.

Du jour où il vit d'une pension, l'élève n'a plus qu'une idée qui le pousse : c'est d'être pour toujours un rentier de l'État. Le sculpteur n'est pas si bête qu'il en a l'air, comme vous voyez, et, tout en poursuivant les études de cet art à Paris, il cultive les succès obtenus dans son département ; il ne néglige pas non plus le bureau des beaux-arts ; il cherche dans le personnel de ses protecteurs ceux qui pourront lui être plus utiles, afin d'arriver à porter le plus souvent possible son petit magot à la caisse d'épargne ; et, après vingt ou trente années d'une vie honteuse de supplications et de démarches renouvelées à chaque travail qu'il obtient d'une vie de mendiant, il meurt, s'il a bien manœuvré toutefois, petit propriétaire et petit rentier, s'il ne va pas mourir à l'hôpital (1) ! Voilà en quelques mots, à peu d'exceptions près, l'histoire réelle de la plupart de nos sculpteurs français. Depuis une dizaine d'années, il faut y ajouter quelques fils de familles bourgeoises qui piquent leur part au budget, puis, quelques nobles étrangers qui ont pris les plus hautes positions spéculatives.

A l'étranger sont-ils mieux ? C'est ce que nous allons voir. Il n'y a pas telle petite ville d'Allemagne qui ne soit le séjour du roitelet d'un petit État. Là, au lieu d'être monsieur le maire, monsieur le préfet, qui protègent les jeunes artistes, ce sont messieurs les conseillers auliques, les porte-clefs, les chambellans ou mesdames les conseillères auliques, etc. Le plus petit potentat d'Allemagne pensionne à Rome un ou plusieurs de ses dignes sujets tenant en main la palette, l'ébauchoir et le ciseau.

Viennent ensuite les sculpteurs italiens ; ceux-ci pullulent,

---

(1) Quelques autres, plus courageux, hommes ingénieux et plus dignes, se sont mis à faire de l'ornement, des petits groupes d'animaux et des pendules qui s'adressent au public par l'entremise des fabricants de bronze, des marchands ; il leur arrive le plus souvent que c'est leur plus mauvais modèle, celui que les vrais connaisseurs et eux-mêmes estiment le moins, qui devient le modèle à la mode le plus vendu, le plus recherché.

ils sont innombrables, ils luttent pour la quantité, si ce n'est pour la qualité, avec les sujets du roi de Sardaigne qui ont entrepris leur voyage d'Europe en montrant des marmottes, et qui finissent par être fumistes et badigeonneurs, ou encore avec les *Cararese, Carrarais*, qui tranchent dans le marbre avec autant d'art et de facilité que les marchandes à la halle au beurre, ou encore avec les habitants de la principauté de Lucques, qui sont tous nés mouleurs et sculpteurs.

Il y a à l'Exposition quelques ouvrages des sculpteurs milanais qui sont assez curieux à étudier. Il y a vingt ans, le mouvement imprimé par les Français a eu de l'écho au delà des Alpes. Ces bons sculpteurs italiens, qui ratissaient jadis des statues comme des navets, aujourd'hui copient les détails de la nature à faire croire qu'ils moulent en marbre sur nature certains morceaux ; mais l'idéal, qui n'est que la conception nette et synthétique du vrai, manque absolument. C'est égal, c'est déjà un progrès : c'est moins ennuyeux, moins fatigant que les statues équestres de M. Kiss, de Berlin.

La sculpture, à l'Exposition de cette année, n'est pas inférieure à la peinture ; il lui manque une salle où il y aurait dix ouvrages des meilleurs sculpteurs du dix-neuvième siècle ; non pas que nous portions une plainte contre la façon dont les statuaires ont été traités cette année à l'Exposition. Nous regrettons pourtant que, parmi nos Français, il ne s'en soit pas trouvé un seul jugé assez digne pour avoir sa salle à part, comme en peinture MM. Ingres, Delacroix et Horace Vernet. Il ne faut pas oublier que, depuis Michel-Ange, depuis trois siècles au moins, les plus grands sculpteurs du monde entier sont des sculpteurs français. Qu'aurait l'Europe à opposer à Jean Goujon, à Jean Cousin, à Jean Bulland, à Pierre Puget, aux Coustou, etc., etc. ?... qui ?...

Pour la sculpture comme pour la peinture, des noms ont été mis en avant par la faveur à l'Exposition, et ce qui est plus grave encore, dans les monuments publics, des hommes sans talent ont été chargés de travaux importants. Nous espérons bien que cet essai, qui prouvera leur impuissance, suffira pour faire revenir à ceux dont les ouvrages font autorité, malgré la calomnie, malgré tant de mauvaises passions déchaînées contre eux.

Puis viendrait le tour des graveurs ; l'Angleterre a des outils très habiles, dans ce genre-là, mais moins savants, moins habiles dans leur art que notre Henriquel Dupont, et aussi quelques bons peintres de portrait; M. Beehnes, qui, depuis Chantry, fait les meilleurs bustes, à Londres, n'a rien envoyé à l'Exposition, non plus que MM. Delaroche, A. Scheffer, Overbecke, David (d'Angers), etc. ; est-ce de la modestie, est-ce de la vanité? C'est peut-être les deux, accompagné d'un peu de paresse. Bon, voilà que j'ai l'air de critiquer des hommes dont j'estime les personnes et dont j'aime le talent; c'est pourquoi il est si rare, si difficile d'avoir une bonne critique sur l'art. Ceux qui auraient assez d'études, d'autorité pour la bien faire, manquent en même temps que du courage nécessaire, du calme, de la justesse, de la mesure, pour porter un jugement équitable qui soit fait en vue de l'art seulement, en dehors même des sympathies et des antipathies personnelles. Les autres ne savent ce qu'ils disent; parlant à tort et à travers, ils se font les échos des petites rancunes, les instruments cachés de l'envie qui se couvre sous le voile de l'anonyme...

Si nous voulions, sans déroger, sans descendre des hauteurs où nous nous sommes placés pour faire d'une manière digne et utile cette revue synthétique, nous aurions à citer bien d'autres noms, et, sur cette pente, en songeant à nos sentiments, à nos affections, aux vrais talents des Français et des étrangers, que nous omettons de citer et dont nous apprécions autant que personne les éminentes qualités, le mérite si difficile à prouver. Pour rester sur ce terrain de la force vis-à-vis de l'étranger, nous avons dû rassembler nos moyens d'action, et prenant leurs premiers artistes, qui, pour nous, ne s'élèvent pas même à la hauteur ni de M. Horace Vernet, ni de M. Léon Coignet, ni de M. Abel de Pujol, ni de M. Heim, ni de M. Robert Fleury, ni de M. Scheffer, ni de MM. Paul Delaroche, Schnetz, Corot, Huet, Rousseau, Aligny, Célestin Nanteuil, etc., ni de M. Meissonnier, ni de Courbet, ni de bien d'autres encore dans tous les genres, les mettant aux prises avec les nôtres, nous restons certainement de beaucoup les premiers, les plus vrais, les plus forts; si nous descendons aux numéros deux, trois ou quatre, les mêmes rapports de supériorité chez les Français existent encore (1).

Donc, il n'y a pas moyen de le nier, c'est évident, c'est clair comme l'eau de roche. La France a vaincu l'Europe, l'Asie, l'Afrique et l'Amérique dans le champ clos des beaux-arts à l'Exposition universelle de 1855. Nous verrons ailleurs plus tard, mais laissons-nous le temps d'arranger notre Exposition de l'industrie, et après quelques mois d'essai, vous verrez qu'elle sera avec l'ensemble de nos rues, de nos monuments et de notre amabilité toute française, de notre grâce toute parisienne, quelque chose qui sera mille fois plus imprévu, plus gai, plus amusant que toutes les expositions antérieures, et lorsqu'on sera revenu de ce premier échec causé par l'insuffisance d'hommes impuissants, nous aurons eu une charmante et délicieuse exposition universelle. Voyez plutôt déjà l'exposition des fleurs et celle des beaux-arts!

A la suite de cette Exposition, pour clore dignement ce grand

(1) Ce qui n'empêche pas que par notre laisser-aller, notre faiblesse, par notre légèreté excessive, nos salons n'accueillent, nos élégantes ne protégent efficacement, et cela à notre honte, des artistes étrangers sans véritable mérite, et auxquels l'intrigue et le savoir-faire donnent chez nous une position telle que ce qu'il y a de plus amer pour les malheureux artistes français se sentant du cœur, c'est d'avoir la douleur poignante d'être obligés de passer sous les fourches caudines de pareils intrigants, qui, je le soutiens hardiment, sont des hommes très inférieurs par le talent.

tournoi, il va y avoir pour corollaire une pluie de croix, échange doux et facile des chancelleries d'Europe. Monsieur un tel aime à le porter jaune, tel autre bleu, un autre vert ; il y en a pour tous les goûts, il y a des rubans des ordres de toutes les couleurs. Un peu de patience, messieurs les artistes, et vous aussi, messieurs les industriels, et vous serez tous embaumés dans des rubans, roulés dans vos succès comme les momies d'Égypte dans les bandes de leurs linceuls ; chez elles, il es vrai, c'était de la toile de lin d'une seule couleur ; chez nous ce sera plus beau, plus riche, plus coquet et plus gai ; aussi vous aurez des rubans de toutes les couleurs pour avoir le plaisir de passer de cette vie dans l'autre. Ce sera charmant...

Mais ceci ne nous regarde pas ; disons à nos bons et excellents camarades les artistes : Courage ! mes bons compagnons ; ne soyez pas trop envieux ; aimez-vous les uns les autres, si vous le pouvez ; tel, qui paraît bien heureux, que vous jalousez parce qu'il monte dans la voiture, qu'il dîne chez un gros banquier, ou bien est chargé du buste de madame trois étoiles, commandé par monsieur quatre étoiles, est plus à plaindre que vous ne pouvez croire, mes amis ; si vous saviez combien il devient bête, au point de vue de l'art, comme son talent va dégringolant, depuis qu'il ne vit plus seul avec son art. Et pourtant, s'il avait continué de travailler sérieusement, quelles belles espérances donnait ce garçon-là ! Et puis, tant d'autres choses que je ne dirai pas. Croyez-en mon conseil, messieurs, travaillez pour lorsque vous serez mort ; c'est la seule bonne et vraie manière de travailler pour les vivants.

Vous me direz : c'est diablement difficile que de faire de l'art tout en tenant sa maison, tout en étant le pourvoyeur des besoins d'une famille entière, tout en ayant à payer les frais d'éducation de plusieurs enfants ; et puis les modèles, les frais d'ateliers, si considérables que l'on se nourrit mal, que la vie est un jeûne continuel ; puis la matière première, le marbre, les outils, les couleurs, les toiles, les pinceaux et le long temps, les veilles, les labeurs accumulés qu'il faut pour terminer une œuvre, une œuvre seule avec l'intention qu'elle puisse être goûtée comme un chef-d'œuvre (douce et trompeuse espérance!); et puis avec tout cela rester digne, ne point s'avilir sous peine de n'avoir plus foi en soi-même... C'est du martyre, amis, sinon c'est de la folie.... Restez garçon, alors vous épouserez un jour ou l'autre votre blanchisseuse ou votre Thérèse, comme Jean-Jacques Rousseau.

CONCLUSION.

Au commencement de cette revue synthétique, nous avions demandé si une exposition était utile aux progrès de l'art. Notre réponse négative, nous l'espérons du moins, se trouvera confirmée par l'évidence des faits que nous avons relatés. Prenons-en notre parti, et ne considérons celle-ci, qui devrait être la dernière d'ici à vingt-cinq ou trente ans au moins, que comme le bilan publiquement déposé sur notre situation dans les arts.

Oublions le passé, nos fautes, nos faiblesses, et marchons hardiment vers l'avenir, librement et consciencieusement.

Appelons à nous les lumières acquises par la connaissance des siècles.

Apprenons et n'oublions pas que *l'art ne s'explique pas, mais qu'il se sent et s'exprime.*

Que les artistes, d'eux-mêmes, avant de s'engager à la légère, aient le courage d'abandonner une carrière pour laquelle ils ne se sentent point nés; que, d'un autre côté, les fonds des beaux-arts se tarissent pour les hommes avides qui font de leur art métier et marchandise.

Et tout en reconnaissant la supériorité des artistes français sur les artistes étrangers, convenons que rien de neuf, de saillant, de vraiment beau, ne se sera produit dans cette exposition, qui ressemble à peu de choses près à toutes les autres, et cela devait être, car ce n'est pas par ordre, à volonté, que l'on refait un art ; les mêmes artistes, les mêmes industriels, les mêmes œuvres, les mêmes produits reparaîtraient dans deux ans, dans quatre ans, dans six ans, à très peu de choses près, si l'on refaisait une nouvelle exposition universelle.

Nous espérons donc que la leçon profitera, car on sait bien que rien de très important à courte distance ne vient se produire aux expositions qui ne soit déjà connu dans l'art, dans la science et dans l'industrie.

En 1848, lorsque fut proposée pour la première fois au gouvernement l'idée d'une exposition universelle des beaux-arts et de l'industrie à Paris, cette idée d'universalité alors était neuve et féconde, par le seul fait surtout de sa nouveauté. Aujourd'hui, comme nous devions nous y attendre, l'idée est usée, et malheureusement les grands frais faits pour les expositions ne répondront pas, nous le craignons bien, à l'idée que l'on en avait eue. Celle de Londres excepté, celle de l'Irlande, celle de New-York, etc., ont été autant de sujets de ruine pour les exposants comme pour les entrepreneurs d'expositions.

Et si chacun avait apporté plus de sincérité, on aurait appris dès l'exposition universelle de Londres, que tous les exposants, à deux ou trois exceptions près, n'avaient pas à se louer de s'être ainsi montrés à ce prétendu tournoi. Celle de Paris, malgré tout, restera avec toute sa physionomie de sympathie française; et jamais chez nous on n'arrivera à faire payer pour voir des œuvres de l'art : le Français a trop de délicatesse, trop de sentiments généreux pour croire, comme des Yankees, des Anglais, que le génie se paie seulement avec des pièces de cent sous.

Les expositions ont fait leur temps ; elles sont une charge sans résultat sérieux, sans compensations pour les gouvernements; elles sont non-seulement la ruine des exposants, mais ce qu'il y a de pis, c'est qu'elles ne servent en rien, absolument en rien, le progrès, soit dans l'art, soit même dans l'industrie, ce qui paraîtra plus fort.

Sous le rapport du produit financier, ces grandes manifestations, ces grandes solennités ne servent véritablement qu'aux chemins de fer, qu'aux cafetiers, qu'aux flâneurs et qu'aux hôteliers restaurateurs.

Mais vienne le beau temps, vous verrez comme je l'ai déjà dit, que cette vilaine chose, qui avait été présentée comme une affaire, va changer de nature, et qu'à la place d'une affaire d'argent, d'un compte d'intérêts, nous aurons obtenu en résumé une bonne somme de sentiments affectueux, échangés de nations à nations ; et comme la nation française, malgré ses vilains défauts, est encore la plus aimante, la plus sympathique et la plus généreuse, nous serons donc proclamés, malgré la prétention à l'élégance des femmes anglaises et américaines, nous serons proclamés, dis-je, je le soutiens, la première des nations du globe par la courtoisie et par la science, par l'art et par l'industrie.

C'est beaucoup sans doute, mais ce n'est pas tout.

Vienne la grande pensée religieuse politique et sociale qui doit balayer les derniers débris du lourd passé qui nous étouffe encore, et entraîner dans les voies du beau et du vrai toutes les forces vives de la science et de l'art, et la nation française, déjà proclamée la première, sera sans conteste cette fois-ci, pour la véritable émancipation des peuples, l'arbitre universel et la dominatrice du monde.

Paris, le 16 mai 1855.

NOTE SUR L'EXPOSITION UNIVERSELLE.

Paris, décembre 1855.

Depuis quelques jours, des récompenses sont décernées à la suite de l'Exposition des Beaux-Arts et de l'Industrie. Je n'ai qu'à citer un fait pour montrer jusqu'à l'évidence que mes appréciations du 15 mai dernier étaient parfaitement justes.

Sur la liste publiée par le *Moniteur*, la première grande médaille d'honneur en statuaire, est décernée à M. Auguste Dumont de l'Institut; juge et partie dans sa propre cause, comme tous ceux qui ont obtenu les premières récompenses aux Beaux-Arts. Examinons la valeur de l'œuvre de M. Auguste Dumont à l'Exposition :

1° Leucothoé et Bacchus enfant, — un groupe de marbre, sculpture ronde et sans charme, niaise et sans la moindre naïveté, exécutée à Rome par des praticiens italiens, imitation de l'antique, œuvre insignifiante, sans la plus petite étincelle de ce qui s'appelle le génie.....

2° Étude de jeune femme (marbre). — Cette statue, qui fait partie de la galerie du musée du Luxembourg, a été exécutée à Paris. Elle est encore plus faible d'exécution que le groupe de Leucothoé. Dans cette figure, les jambes sont trop courtes; celle qui porte l'est de 25 centimètres au moins, ce qui est impardonnable dans une figure qui n'est pas dans une action, qui est debout et sans aucun mouvement. Dans ces sortes d'ouvrages, on est en droit d'exiger la mesure exacte et l'obéissance au compas.

3° Un Buffon en bronze, qui a l'air d'un laquais de grande

maison, où il y a quelques morceaux qui sont assez proprement exécutés par M***, un grand prix de Rome.

M. Auguste Dumont est l'auteur aussi de cette pauvre statue du Génie de la Liberté, si froide, si glacée, si maladroitement composée, de la colonne de la Bastille (*il oublie donc, ce malheureux M. Dumont, que, dans cette circonstance, la colonne n'est jamais, ne doit jamais être que le piédestal de la statue*); de la statue de Blanche de Castille, du jardin du Luxembourg; copie pédante et molle de celle qui est depuis vingt ans au musée de Versailles. Enfin, du buste de Pierre Guérin, un des plus mauvais bustes du Louvre, où il y en a de si mauvais pourtant!!!

D'après le jury des récompenses, M. Auguste Dumont serait donc LE PREMIER SCULPTEUR STATUAIRE DU MONDE ENTIER en l'an de grâce mil huit cent cinquante-cinq!... Ce qui n'empêche pas qu'aucun amateur français ou étranger n'achètera jamais, ne commandera pas davantage de la statuaire de M. Auguste Dumont, par une raison bien simple, c'est qu'elle ne s'élève pas même, aux yeux des amateurs et des érudits (qui ne sont pas de l'Académie des Beaux-Arts), à la hauteur des jolies statuettes de Michel Pascal et de Paul Gayrard. Que serait-ce donc en face du Niobé, du Cyparis et de la Psyché de Pradier, de la jeune Grecque, des beaux bustes de David (d'Angers), du Vendangeur de Bartolini, du petit Louis XIII de Rude, du petit Henri IV de Bosio, du Faune de Teneranni, du Mercure et du Danseur de Duret, d'un morceau modelé avec le pouce fiévreux et accentué de Préault, des animaux de Barye et de tant d'autres groupes et de statues dont il nous suffirait de citer les noms, pour faire rire à gorge déployée jusqu'à la postérité la plus reculée de cet admirable résultat, de ce jugement sublime, d'un concours si éclatant, où, pour mémoire, il est utile de rappeler que les premières médailles ont toutes été obtenues par les membres du jury d'admission et des récompenses; que ces messieurs ont tous été juges et parties, comme M. Auguste Dumont (1).

(1) *Note explicative.* — Nous avons voulu servir la cause de la *raison*, de la *justice* et du *progrès*, en publiant cet essai de *Revue sur l'exposition universelle des Beaux-Arts de* 1855. Si, en la terminant, nous osons rappeler un fait qui, lorsqu'il a paru au *Moniteur*, a étonné tout le monde, tous les artistes, tous les amateurs d'art un peu sérieux, tous ceux enfin qui se sont occupés de cette exposition ; si le cri de notre conscience d'artiste nous poussait à le faire, le sentiment de notre dignité nous en faisait un devoir; car, pour nous, se taire dans une semblable occurrence, se taire surtout dans la position particulière qui nous était faite, c'était plus qu'un acte de faiblesse, c'était une lâcheté.

COUP D'OEIL

SUR

L'ÉTAT DES BEAUX-ARTS

AUX ÉTATS-UNIS D'AMÉRIQUE

EN 1855.

D'après ce que nous avons raconté sur la vie des artistes en Angleterre, on a dû comprendre que là pas plus qu'en Amérique le gouvernement, l'État ne s'occupait en aucune façon de ses artistes nationaux. Lorsque nous avons dit ailleurs comment en Europe les fonds destinés aux beaux-arts étaient employés, nous avons manifesté le désir que l'art fût livré à lui-même, plutôt que de le voir ainsi encouragé. Mais pour cela nous n'avons pas voulu dire qu'une noble, qu'une digne organisation sociale, qui aurait à sa tête les hommes les plus éclairés, ne devrait pas donner une large part à l'encouragement des beaux-arts. En France, au début presque toujours l'artiste reçoit du même coup un accueil sympathique d'un côté et fort décourageant de l'autre. Plus tard, c'est avec l'œuvre de ses débuts dans la carrière, que la critique parisienne, qui est la critique de la France tout entière, se plaît à amoindrir autant que possible, sinon à nier complétement, la valeur de ses nouvelles productions. Et malgré tout ce mauvais vouloir des coteries académiques, littéraires, critiques, artistiques, etc., etc...., les réputations finissent par se faire avec le temps. Il arrive le plus souvent que ceux qui ont eu le moins de succès de leur vivant grandissent après leur mort. Aux États-Unis, rien de tout cela n'existe encore; mais nous ne croyons pas qu'il se passe une vingtaine d'années sans que des sociétés se soient formées comme en Angleterre pour encourager les beaux-arts. Déjà, ils songent à faire des expositions de tableaux ; et dans les grandes villes de l'Union les maisons de bois qui étaient remplacées par des maisons de brique, le sont à leur tour par des maisons de granit gris ou rouge et aussi de marbre blanc. J'en ai compté plus de vingt en construction, sans compter les grands hôtels comme Saint-Nicolas-hôtel, de New-York, qui est tout en marbre blanc, et dont le mobilier est d'une somptuosité incomparable à tout ce que l'on voit en Europe, et dont l'hôtel du Louvre, malgré son luxe, n'est qu'une bien faible et bien pâle imitation. La vie des hôtels aux États-Unis, si elle est un obstacle à la jouissance intime du cabinet de l'amateur, jouissance qui n'entrera jamais peut-être dans les mœurs américaines, ne fût-ce qu'en présence des incendies perpétuels, serait un thème magnifique au développement du goût pour les tableaux et pour les statues dans d'immenses proportions. C'est tellement dans les conditions démocratiques de ce pays, que, déjà aux États-Unis, ce n'est que dans les hôtels que l'on trouve des tableaux, bien mauvais il est vrai. Mais là où s'assemblent les hommes se fait sentir invinciblement le besoin de l'œuvre d'art, et plus tard certainement les mauvaises choses seront remplacées par des bonnes.

A New-York, qui est l'Athènes, le Paris des États-Unis, comme l'appellent les Yankees, il n'y a pas un seul monument digne d'attirer l'attention d'un connaisseur, bien que l'on y compte des églises et des édifices particuliers et publics par centaines. Et pourtant l'or ruisselle de toute part : ou, pour mieux dire, le crédit, le commerce, le papier-monnaie brassent des millions, des affaires colossales par chaque minute de ce peuple fiévreux d'affaires au point de ne pas se donner le temps de vivre. Le loisir n'existe pas aux États-Unis; plus un homme est riche et plus il est occupé. Ce n'est pas comme chez nous, où bon nombre d'individus se reposent sur le bien acquis par leurs ancêtres : ici, les ancêtres ne comptent pas, nul n'a d'autre qualité que celle de s'appeler M. John, M. Taylor, M. Wood, possédant beaucoup de valeurs positives, etc. Jamais dans une société on ne vous dira la carrière, le métier d'un personnage quelconque, et si vous questionnez de ce côté-là, vous paraîtrez ridicule, on ne vous répondra pas, et si l'on vous répondait, ce serait pour vous dire le chiffre, le poids en dollars que pèse l'individu sur qui vous avez voulu être édifié ; c'est tout. Le reste ne regarde personne... Les Américains regardent même ces questions comme injurieuses.

Les femmes, toutes les femmes sont des ladys aux États-Unis, et toutes ont des toilettes de ladys. Les filles de chambre, lorsqu'elles sortent le dimanche ont des toilettes toutes semblables à celles de leurs maîtresses. La différence seule existe dans le nombre de ces toilettes. Ainsi, une Américaine dont le mari gagne beaucoup d'argent se déshabille et change de toilette cinq et six fois par jour. Elles y passent leur vie. Ces dames ne font absolument rien. En général, elles ne manquent pas d'une certaine instruction, elles jouissent d'une très grande liberté, dont je n'ai jamais entendu dire qu'elles aient abusé. Beaucoup sont très belles, l'air très distingué ; mais leurs belles personnes manquent de ce regard tendre, voilé, sympathique, qui, chez les créoles, les Italiennes, les Espagnoles et les Françaises, inspire l'amour.

C'est par l'amour, c'est par la femme que l'art a trouvé ses plus sublimes inspirations..... Je ne sais si je me trompe, mais il me semble que l'art ne pourra prendre racine aux États-Unis tant que les femmes resteront des héroïnes, des stoïciennes de civisme et de virilité. L'art demande plus de grâce, plus de naturel, plus de laisser-aller, plus de naïveté chevaleresque et plus d'abandon. Ce qui charme justement dans cet art si merveilleux des Grecs, c'est cette alliance du sans-gêne, à la noble dignité qui leur était si naturelle, c'est ce culte de la beauté, cette religion de l'amour des belles formes qui n'est remplacée par rien dans l'art de nos civilisations modernes, et dont les États-Unis sont le dernier mot peut-être. Cette jeune république, admirée par nos républicains de la vieille école comme le type modèle des républiques de l'avenir, n'est autre chose que le produit vivace, énergique et brutal, la résultante logique d'une vieille, bien vieille société qui a perdu son fanal, sa boussole, et qui a épuisé toutes ses illusions!!!

Dans l'Amérique du Nord l'architecte est l'artiste qui trouverait le plus de chance d'emploi dans ce pays. Si, lorsque je m'y trouvais, j'avais eu vingt années de moins, je m'y serais installé comme architecte. Peut-être serait-ce par cet art, par l'architecture, que l'on pourrait commencer à former le goût des Américains. Là, les occasions ne vous manquent pas, et dans les meilleures conditions possibles. La vie est si large en Amérique, que l'individu assez riche pour se faire construire un hôtel, se bâtir une maison, paie, s'en va dans une autre partie du pays, à quinze cents lieues, et laisse libre l'artiste d'exécuter sa commande à son gré. Ce Yankee va en Californie, par exemple, centupler sa fortune. A son retour, lorsque par malheur il a fait de mauvaises spéculations dans son voyage, il revend sa maison, son hôtel, quelquefois inachevés. Une maison, parmi les plus belles, change souvent plusieurs fois de propriétaires dans une année. Aussi, sauf quelques exceptions assez rares, on n'y trouve pas une hospitalité native comme chez nous, comme en Europe; à l'heure du dîner en sonnant à une porte, on ne sent pas ce fumet, cette odeur d'un dîner de famille, le plus modeste même, ne fût-ce que le simple pot-au-feu. Cela s'explique, le mari a tout son temps pris par les affaires, il ne rentre presque jamais chez lui que fort tard et pour se coucher exténué de fatigue de la vie active de sa trop laborieuse journée (1). La

(1) La vie s'use si vite en ce pays que rarement j'y ai rencontré des vieillards.

femme vit de peu lorsqu'elle est chez elle seule avec ses enfants, qui sont confiés à une domestique spécialement chargée de leur prodiguer ses soins. Il n'y a donc pas ce couvert mis à heure fixe pour la famille ; de là un décousu, un désordre très coûteux dans le ménage. Madame donne bien de temps en temps un baiser, un coup d'œil à ses chers enfants ; mais elle est tout entière absorbée par sa toilette et pour la conservation continuelle de sa beauté et de sa santé (1).

Jadis le peintre de portrait y trouvait à gagner beaucoup d'argent ; quelquefois, il lui arrivait de faire sa fortune dans une seule tournée dans les États d'Amérique ; mais le daguerréotype les a réduits à la misère, ces pauvres peintres de portraits. L'Américain fort occupé, sa femme ennuyée de poser de longues séances si essentielles, si indispensables, pour donner au peintre la possibilité de faire un bon portrait, préfèrent de beaucoup la photographie, si prompte dans son exécution : *quelques secondes*. Je dirai même que ce peuple à demi sauvage et si arriéré sous certains rapports, sous le rapport surtout du sentiment, des délicatesses de l'art, porte en lui une préférence marquée pour le fini, le sec, le dur, même l'insensibilité de l'épreuve due à la découverte de Daguerre. Il y a dans Broad-Way une maison importante qui paie jusqu'à dix et douze mille francs par an de jeunes artistes peintres français de Paris pour mettre de la couleur, pour peindre, pour enluminer des épreuves de grandeur naturelle et sur toile obtenus par ce procédé.

(1) On s'étonne qu'en Amérique il y ait des sociétés de bandits amateurs qui, sans autre but que le plaisir d'assassiner, commettent froidement (*faisant de l'art pour l'art*) des crimes dont l'horrible atrocité est tout à fait inconnue dans notre vieille Europe. Faute de mieux, ces bandits amateurs font à leur manière ce que font les femmes américaines, qui changent de robes six fois par jour ; ils emploient leur activité.

Avec ses éminentes qualités de peuple colonisateur, la nation américaine manque absolument d'un but social supérieur.

Cette maison, tenue par de bons et excellents concitoyens français et allemands, est dans la plus grande prospérité, malgré ses frais extraordinaires, qui s'élèvent, m'a-t-on dit, à plus de cent mille francs par an.

Je doute qu'aucun artiste puisse lutter, puisse soutenir la concurrence avec cette rivalité si prodigieuse qui s'explique pourtant, lorsque l'on compare les cadres des portraits au daguerréotype, aux anciens cadres de miniatures des peintres de portraits accrochés dans les galeries du Palais-Royal. Finalement cette découverte scientifique si admirable de fixer la lumière aura donné plus de valeur aux bons tableaux qui resteront l'œuvre rare d'un artiste de talent et de cœur.

Le seul endroit où il y ait quelques ouvrages d'art officiellement placés, dans New-York, est à City-Hall, le Palais de la Mairie. Cela se comprend, la commune est le Paris des États-Unis, souveraine avant l'État, et chaque État de l'Union a son genre de souveraineté avant d'avoir à répondre à la grande voix de la souveraineté nationale, qui pour se faire écouter a besoin d'une terrible extrémité. Dans le Palais de City-Hall, qui date de cent ans à peine et qu'il est question de reconstruire sur une échelle plus grande, il y a au premier étage trois salles longues communiquant entre elles, où sont placés deux portraits de George Washington, celui de Trumbull, qui était soldat, peintre et citoyen, en qui George Washington avait une telle confiance qu'il n'entreprenait jamais rien sans le consulter, et qu'il en est resté un proverbe américain très populaire qui veut dire que ce qui serait approuvé par Jonathan Trumbull serait ce qu'il y aurait de mieux à faire.

Avec ces deux portraits, dans cette galerie de City-Hall se trouvent une douzaine d'autres grands portraits en pied, celui du secrétaire d'État Marcy, ceux de MM. Seward, de Fillmore, du commodore Perry et du général Scott, et autres hommes célèbres de l'État de New-York. Des portraits de différents maires de la cité, deux bustes, l'un en plâtre, c'est celui de H. Clay, l'autre en bronze de Webster, puis le plâtre de la statue de Jefferson qui a servi à fondre celle qui est placée à Washington. Dans une autre salle, et placé sur un trône, se trouve le fauteuil de George Washington, qui lui servit le jour où il signa l'acte d'indépendance des États-Unis. Tous ces ouvrages d'art, tous ces tableaux, qui peuvent bien être au nombre de soixante au moins, formeraient une galerie historique assez curieuse, si au lieu d'être entassés pêle-mêle, ils étaient arrangés avec goût et avec ordre de dates. Cette simple visite au City-Hall donne un aperçu de l'état où se trouve l'art aux États-Unis. Il ne faut pas conclure de là que les Américains n'aiment pas l'art : ils l'aiment tout autant que les bottiers allemands ou que des marchands français et anglais. Il nous a semblé même qu'ils y prendraient plus de goût réel que ces derniers, parce que chez eux, il y a plus de chaleur, plus de passion. Ils ne demanderaient pas mieux, il me semble, de charmer leurs loisirs au milieu d'une belle galerie de chefs-d'œuvre, au lieu d'aller s'endormir aux prêches de leurs pasteurs baptistes, anabaptistes, universaux, épiscopaux et *tutti quanti*; mais pour en arriver là il faudrait changer les coutumes, et c'est toujours difficile. Pourtant je ne crois pas qu'il y ait à en désespérer ; le peuple américain a fait de si prodigieux travaux depuis soixante ans ! Les villes sont fondées ; il faudra bien les rendre plus agréables, les embellir, les orner ces villes; alors il faudra bien, bon gré, mal gré, avoir recours aux beaux-arts, et d'une manière plus rationnelle.

Il suffirait d'un homme influent, ayant une grande popularité, pour changer la face de cette question plus grave, plus importante qu'on ne la suppose généralement ; avec le vrai goût du grand art comme l'entendaient si bien les Grecs, de cet art qui, au lieu de s'enfouir, comme en Angleterre, dans le cabinet particulier d'un individu riche, se montrait sur la place publique, pour instruire le peuple, apprendre à tous l'amour du beau par le vrai, glorifier les grandes actions et sanctifier le génie et la beauté.

C'est dans une république seule que l'art peut prendre sa grande physionomie, son véritable développement. En attendant, aux États-Unis, le mauvais esprit des vieilles sociétés européennes y souffle ses impuretés. Là, au moins, à l'aide de la liberté, la monstrueuse stupidité moderne se montre dans toute sa laideur dans la maison-affiche de Barnum, qui est la chose la plus visible à New-York ; ornée de peintures plus épouvantables que grotesques à l'extérieur, elles attirent encore les regards de l'étranger qui débarque, comme les tableaux de la femme forte à une foire de village, elles s'y comptent par centaines. Les quelques hommes distingués qui ont pris le temps d'étudier tant soit peu les beaux-arts, qui ont voyagé en Italie, les femmes qui ont visité l'Europe gémissent de cet état de choses, elles sont profondément blessées dans leur fierté de Romaines, de la mère des Gracques, ces stoïques patriciennes ; car aux États-Unis il y a plus de la barbarie romaine qu'on ne pense. L'art, dans sa tendresse, se brise contre l'airain de ces cœurs du vieux monde insulaire et britannique, imitateur des vieux Romains... Aussi l'artiste, éperdu dans cette société bardée de fer et d'or, préfère-t-il la vie du sauvage avec sa poésie, ses femmes vêtues de leurs parures naturelles, leurs charmants enfants si expressifs avec leurs beaux yeux noirs et leur teint bruni par le soleil, aux Yankees en habit noir, tous taillés sur le même patron, et aux affreuses carapaces de fer, de fil de laiton et de baleines, baptisées de l'affreux nom de *crinoline*, des dames américaines.

Invention tout américaine, toute moderne pour les Winterhalter, pour les peintres prussiens, anglo-saxon-normands dont le type existe même dans la ville de New-York. Car, dans cette galerie de portraits de City-Hall, il y en a de toutes les fabriques, depuis l'imitation de ces affreux portraits de l'école de Kinson Lagrénée et compagnie, jusqu'aux portraits des Reynolds et des Thomas Lawrence. Mais tout cela est ennuyeux à voir, comme des copies, sans manquer jamais toutefois de cette habileté, de cette pratique de la main, si déplaisante à voir lorsque le sentiment manque absolument, lorsqu'il y a absence totale de cette séve naturelle, de ce fumet du cru si sensible à celui qui comprend l'art et que l'on retrouve si complétement chez les peuples primitifs, dans les civilisations neuves qui ne se sont pas complétement effacées au contact de notre vieille, bien vieille, trop vieille société d'Europe, où tout est mensonge, afféterie et jargon, tout pour l'apparence, tout à la surface et rien au fond (1).

Dans ce milieu affairé, dans ce tourbillon commercial, l'artiste végète aux États-Unis ; il y est plus malheureux, beaucoup plus malheureux qu'en Europe. J'ai vu quelques artistes à New-York ; parmi eux plusieurs hommes de talent ; ils s'y plaignent beaucoup. La vie, les logements surtout y sont si coûteux qu'ils gagnent à peine pour suffire à leurs dépenses journalières, obligés dans ce pays infernal, où l'or se dépense comme à Paris la monnaie de cuivre, d'avoir une certaine représentation. Des habits noirs pour tout le monde, *même pour les maçons*...... Et du linge toujours bien blanc, usage excellent, mais qui coûte fort cher aux États-Unis.

L'un de ces artistes, qui avait été chargé par le gouvernement fédéral d'un grand tableau pour être placé au Capitole à Washington, vivait à New-York, au moment où je le rencontrai, du reliquat du produit d'une exhibition de son tableau, qu'il était allé faire lui-même dans toutes les principales villes de l'Union américaine. Quoique devenu célèbre en Amérique, il était sans la moindre commande, ni des particuliers, ni des

(1) La seule chose que j'ai vue avec un vrai plaisir comme œuvre d'art aux États-Unis sont des petits ouvrages de femmes indiennes.

villes, ni d'aucun des États. Quelques rares portraits l'empêchaient de mourir de faim, lui, sa femme et ses enfants.

La sculpture statuaire n'est pas plus encouragée à New-York. Un seul marbrier italiano-américain leur suffit, il entreprend les tombeaux du plus mauvais goût ; ce sont ceux qui plaisent davantage : plus ils sont mauvais au point de vue de l'art, et plus ces affreuses monstruosités ont de succès.

J'ai vu quelques bons bustes pourtant, mais leurs auteurs restent inconnus. Il semble, je ne sais pourquoi, dans ce pays de la réclame industrielle et commerciale, que l'on ait horreur de faire surgir de la foule une réputation d'artiste. Ainsi, à Washington, jamais on ne vous citera le nom de l'architecte qui, selon nous, abîme par ordre leur plus grand monument, le *Capitole*, tout en marbre blanc, et auquel il s'occupe d'ôter l'harmonie primitive qui était bonne, en y ajoutant une haute et lourde calotte de marbre imitée de notre Panthéon de Paris.

A ce sujet, j'ai eu occasion de faire à Washington une singulière réflexion : l'art dans ce pays de liberté y est mené militairement ; c'est un officier, un ingénieur militaire qui a la haute direction des travaux d'art au Capitole : l'architecte, ses bureaux, les peintres, les statuaires que l'on y occupe sont soumis à la loi despotique de cet officier, qui a carte blanche pour l'emploi de ses fonds annuels. Aussi, est-ce une chose assez singulière à voir que le genre de sculpture décorative monumentale qui s'exécute en ce moment à Washington, sans parler du reste.....

Voici comment cet officier procède, avec l'assentiment sans doute de son gouvernement. Il a l'architecte en chef et ses bureaux sous la main ; puis à Rome, il a un sculpteur très médiocre, un M. Crowford, qui lui fait des modèles qui lui sont envoyés en plâtre, et qui sont exécutés sur place par des praticiens italiens dans un marbre blanc gris bleu très dur, que l'on tire de l'État de Vermont. Honteux de voir profaner l'art d'une telle manière, un artiste statuaire qui a fait ses preuves en Europe dans l'art monumental offrit son concours en se chargeant du modèle du second fronton : il lui fut répondu que l'on tenait à garder les grands travaux pour des sujets américains.

Cette réponse était digne de Rome. Mais en même temps que l'on disait cela, il n'y avait pour exécuter dans le marbre les sculptures du Capitole, que des ciseaux italiens ; bien plus, un vieux peintre italien peignait une coupole, où avec un certain talent, il rapportait, de cette belle Ausonie, un faible écho des peintures de Raphaël et de Jules Romain de la Villa-Madame, aux environs de Rome. Et ces pauvres artistes italiens réfugiés de leur pays si charmant, se consolaient en me disant : « Au moins ici nous ne craignons plus ni les sbires, ni la police, ni les espions... Nous y sommes libres de mourir de douleur en travaillant !... »

Je ne sais pourquoi, mais l'officier directeur ne voulait pas entendre parler de M. Power, celui qui, parmi les statuaires américains, a montré pourtant le plus de talent, surtout dans quelques bustes, imitation un peu sèche et ronde des sculptures de notre sculpteur Houdon ; mais il est, il faut l'avouer, d'une grande faiblesse dans son groupe, si mal composé, si mal compris comme sculpture monumentale, placé à Washington, en pendant de celui de M. Enough, si médiocre aussi. Là encore, je retrouve la preuve de ce que j'ai avancé depuis le commencement, c'est qu'il n'y a pas aux États-Unis la moindre trace d'un art sorti des entrailles de cette nation ; c'est toujours un art imité d'un autre art ; mais jamais l'impression ressentie de la nature reproduite par l'émotion d'un homme organisé, sensiblement organisé pour les beaux-arts.

La ville de Washington, baignée par son fleuve aux eaux jaunâtres et limoneuses, est un grand village où chaque maison a son petit jardin ; la nouvelle ville, qui tend à se porter sur la portion la plus élevée du territoire, sera plus saine, sera plus salubre que l'ancienne ville qui était trop voisine de son fleuve, du Potomac aux eaux rougeâtres, mais elle sera longtemps à se bâtir; peut-être même ne sera-t-elle plus le siége du gouvernement fédéral. Malgré ses monuments de marbre blanc, elle sera très probablement abandonnée comme capitale avant d'être finie de bâtir, n'étant plus placée au centre des États-Unis qui vont toujours s'agrandissant.

La Maison blanche, le Palais, l'habitation du Président des États-Unis, est situé sur les bords du fleuve, la vue y est admirablement ménagée par un joli parc borné d'un côté par le fleuve. De l'autre, à l'instar des parcs anglais garnis d'une grille, se trouve la statue en bronze de David (d'Angers) qui représente le grand démocrate Jefferson. Un square fait suite au parc, et dans ce square placé en face de la maison du Président, du côté de la voie publique, se trouve la statue équestre du général Jackson saluant de son gros chapeau; elle est aussi ridicule que le modèle du fronton qui doit s'exécuter au Capitole; dans cette statue équestre comme dans ce fronton, l'art, le goût manquent complétement. Il y a encore au Capitole, dont le plan, les dispositions de l'intérieur sont fort mal entendus, une grande salle rotonde à pans coupés : c'est là que sont placés les quelques tableaux très curieux de l'histoire des États-Unis. Il y en a un surtout que l'on ne peut considérer sans un vif battement de cœur lorsqu'on a quelques idées généreuses, c'est celui de la déclaration de l'indépendance; il est de Trumbull. Il y en a d'autres de West où il y a une certaine naïveté, mais tous ils sont très inférieurs à la gravure. Les derniers faits sont encore les moins bons : quelque chose de faux, de théâtral, mauvaise imitation de M. Paul Delaroche, le peintre qui réalise pour eux, en peinture, l'idéal de l'art.

Avant mon voyage aux États-Unis, je me demandais pourquoi les quelques artistes du premier ordre parmi les artistes américains, M. Power, leur premier sculpteur, M. Healy, leur premier peintre, vivaient l'un, le premier à Florence, le second à Paris. Ceci m'est expliqué aujourd'hui que j'ai vu la manière de procéder des Américains, et aussi l'impossibilité pour eux d'y avoir des modèles des deux sexes. Ces deux messieurs se disent avec beaucoup de sens pratique : Ceux de mes compatriotes qui pourraient avoir quelque envie de leurs portraits, de leurs bustes, chose assez rare, ceux-là voyagent, ils viennent en France, ils vont en Italie : donc, ils me trouveront là installé, ils ne m'en estimeront que davantage. Au surplus, qu'ai-je à espérer de mieux en vivant là-bas privé de mes jouissances d'artiste, dans un pays où la liberté est sur la place publique, mais où l'esclavage le plus féroce, l'esclavage imposé par des mœurs d'une hypocrisie austère empêche la moindre manifestation, la moindre expansion de la moindre étincelle de mon fluide sympathique? Sauvons-nous en Europe; car si, là, il y a compression matérielle des choses publiques, il y a liberté réelle de sentiment, de naturel, de penser, d'avenir et de génie (1).

Aussi voit-on dans ce pays singulier de l'Amérique du nord, dans une ferme richement meublée, où le luxe du confort est poussé à ses dernières limites, un buste du Fermier-Gentleman-Propriétaire très finement exécuté en beau marbre statuaire d'Italie à Florence et par M. Power, et un portrait fort habilement peint à Paris par M. Healy de la fermière, grande et belle lady entourée de ses admirables filles.

(1) Le faux jugement, le faux goût des Américains pour toutes les choses qui touchent à l'art, expliquent le succès forcé de Jenny Lind, l'enthousiasme extravagant du peuple américain pour cette artiste, si maniérée et dans son chant et dans son jeu. Le *rossignol suédois*, comme ils la nommaient, n'osa jamais se faire entendre à Paris. Aujourd'hui que les mémoires de Barnum sont venus révéler les honteux moyens employés à ce succès d'argent si prodigieux, nous pouvons mieux comprendre comment le talent si remarquable de mademoiselle Rachel, les charmantes voix de Mario et de la Grisi, ont échoué devant un public qui, pour avoir l'air d'apprécier, a besoin d'être monté, chauffé comme une locomotive, et qui ne donne ses applaudissements à toute vapeur que lorsqu'on lui dit, qu'on lui a crié bien fort, qu'il peut, qu'il doit admirer !!!...

Il y a dans la ville de Washington une grosse tour carrée en marbre blanc, qui s'élève à plus de cent pieds, qui est le commencement du monument de Washington. Malgré le culte qui surgit encore quoique en s'amoindrissant beaucoup pour les nouvelles générations, je doute fort que le monument dont le plan est singulièrement ridicule s'achève jamais ; ce qui me ferait croire à mes prévisions, c'est que l'artiste qui a modelé à Rome les plâtres qui doivent servir de modèle à l'exécution des marbres du fronton sud du Capitole, qui représente allégoriquement la guerre, le commerce, etc. Mais par une bizarrerie du goût tout américain, cette allégorie se personnifie : *le Commerce*, par un négociant assis en redingote sur des ballots de coton ; *la Guerre*, par un soldat dans le costume de George Washington lors de la guerre de l'indépendance. Je dis fort à propos le costume, car l'artiste, encore sous le charme du héros américain, avait représenté sa figure de la Guerre avec les traits de G. Washington. On l'a prié de changer sa tête. C'est donc le corps de G. Washington, au moins son costume, à qui on a ajouté une tête bouffie, toute ronde, bien large, afin qu'à la distance où l'on verra le fronton, il n'y ait pas d'erreur possible, et qu'on ne la prenne pas pour celle de George Washington... Eh bien, c'est M. l'officier ingénieur, c'est la politique mesquine d'esprits étroits qui au nom de la menteuse et stupide égalité américaine a dicté ce vandalisme moral. Nonobstant, je leur prédis qu'à la distance où le bonhomme sera vu, tel que j'ai vu moi-même le modèle en plâtre, il ne sera toujours pris, par le peuple américain, que pour leur père, leur ami, leur idole, que pour le général George Washington.

Le Capitole est placé sur la hauteur à un grand quart de lieue de la maison Blanche, de l'habitation du Président, la ville qui rappelle un peu Versailles à cause de ses grands palais de marbre, tels que le Foreing-Office, l'hôtel des Postes, le Patent-Office où il y a un musée singulier, où, à côté de la culotte de peau de

G. Washington, de son habit, de son gilet jaune, de sa défroque militaire et de ses armes, se trouve curieusement accroché un portrait de M. Guizot en compagnie des dessins de Sauvages, des Ioways, du docteur Catlin, des pots, des vases, des étoffes, des produits de l'industrie ; car c'est là aussi que se trouvent déposés les échantillons des brevets d'invention. Tout cela placé dans un pêle-mêle plus étrange que beau.

Dans la ville de Washington, où s'assemblent le congrès, le sénat et la cour suprême des Etats-Unis, ce qui lui donne une assez grande ressemblance avec Versailles, c'est qu'à côté de ses palais de marbre, l'herbe croît dans les rues, les vaches et les pourceaux paissent aussi dans les endroits les plus fréquentés de la ville, ce qui est cause que beaucoup d'étrangers l'appellent le grand village de Washington. En fait de moralité, quoi qu'on en puisse dire et penser, je n'ai jamais rien vu pour ma part qui ne m'ait semblé parfaitement orthodoxe quant aux mœurs officielles. Si j'en devais croire des confidences naïves de jeunes gens sincères, l'hypocrisie serait assez forte, assez habile pour masquer une corruption inconnue dans les villes les plus corrompues de la vieille Europe. J'ai entendu dire bien des choses sur certaines mauvaises habitudes ; j'ai vu moi-même des exemples d'ivresse inouïe, il est vrai. Pourtant, en dehors de ces excès, tout ce qui apparaît extérieurement est tel ici que si on l'ajoute à la vie si occupée des hommes, la vie si isolée des femmes, ce qui se passe en fait de galanteries dans nos villes d'Europe me semble ici bien difficile, sinon impossible, en Amérique, la vie se passant tout entière au grand jour.

Aussi, un Allemand que je rencontrais un jour, homme aimable et distingué, me disait-il : A l'Europe, à la France, qui la représente le mieux, l'honneur et la gloire ; aux Américains, la matière et l'argent.....

Dans les villes comme Albany, Baltimore, comme à Saint-Louis, comme à la Nouvelle-Orléans, qu'elle soit du nord ou du midi, de l'est ou de l'ouest, l'art n'existe nulle part. Que les artistes en prennent donc leur parti, il leur faut renoncer à songer aux États-Unis comme ressource; je me fais un devoir de les en avertir.

A moins d'y aller pour se faire planteur ou marchand, ils doivent y renoncer. Ils ont pu voir par les résultats obtenus à l'Exposition universelle de New-York, ce qu'il y avait pour eux à espérer de ce côté-là. Une maison importante de Paris y fait de grandes affaires sur l'art; mais c'est avec l'art grossier, vulgaire, affreux, épouvantable, des lithographies coloriées qui représentent un moutard costumé en troupier, en zouave, en garde national, ou bien des chiens, des demoiselles à la mode, avec de beaux atours coloriés, avec des tons bien voyants, bien criards; des ordures éhontées, des nudités atrocement laides, etc., etc... Mais toutes les fois que la même maison a voulu importer aux États-Unis des chefs-d'œuvre anciens ou modernes, elle s'y est ruinée. Un fait expliquera mieux que tous les commentaires ce que nous voulons dire : Un riche Américain achète chez ce marchand un Christ de Ary Scheffer, il le paie quinze mille francs; deux mois ne se sont pas écoulés qu'il vient offrir au même marchand de reprendre le tableau en perdant quelques milliers de francs. Sa proposition est acceptée, et l'on reprend le tableau, qui est aujourd'hui en Allemagne, chez un autre amateur, qui le garde.

Par contre, j'ai vu cet autre fait : Un gentleman a vu de la rue, derrière la vitre du magasin de la susdite maison, un tableau encadré, que l'on croit lui sourire (*c'était un petit paysage*); il entre et en demande le prix ; on le lui dit : *deux cents francs*. Bien! et sans le paysage, sans la peinture, combien *le cadre seul?* La personne qui était au magasin savait son public yankee, il lui demanda cent soixante francs du cadre, qui valait bien quinze francs au plus; l'Américain, enchanté d'avoir son cadre doré pour cent soixante francs, l'emporte triom phant. Il avait laissé avec délices le joli paysage, qui valait bien cinq ou six cents francs à lui tout seul et sans cadre pour un véritable amateur, bien convaincu d'avoir fait une excellente affaire. Il y a dans toutes les capitales de l'Europe, à Paris même, des gens de cette force-là...

Je comprends l'embarras de Volney lorsqu'il revint des États-Unis, pour parler comme il pensait, lui républicain de la veille, de cette république du lendemain, où il avait rencontré des choses si contradictoires et si choquantes entre elles : à côté d'une licence effrénée, un despotisme de mœurs excessif; l'esclavage vivant côte à côte avec la liberté; une recherche, un raffinement des choses extérieures, à côté de l'oubli complet des délicatesses du cœur et de l'esprit; des ladreries d'une mesquinerie incroyable, en même temps qu'une dissipation dissolue; des exigences sociales et des facilités de désordre inconnues jusqu'à ce jour en aucun pays habité. Il y a tels symptômes petits en apparence, qui pourtant ont une signification très importante pour le penseur : l'homme qui aux États-Unis suit avec une apparence religieuse les conseils de son pasteur, qui toujours lui parle de Dieu et de la vie éternelle, s'aime sur cette terre au point d'avoir inventé, pour sa dépouille mortelle, un cercueil, une bière garnie de satin rose, bien ouatée, bien rembourrée de coussins moelleux, du bois le plus précieux des îles et le plus odorant, pour y placer son corps terrestre........ On ne saurait croire quelles sommes fabuleuses s'y dépensent pour les funérailles et pour les tombeaux. J'ai vu des chapiteaux de marbre de proportions colossales qui coûtaient plus de trente mille francs pièce. Les cimetières admirablement situés, sont l'un des luxes les plus recherchés des villes des États-Unis; c'est toujours, comme à Washington, un beau parc admirablement dessiné, avec de beaux groupes d'arbres parfaitement composés, dans le site le plus magnifique, le mieux choisi; c'est du luxe mondain jusque dans la mort.

De tout ce qui précède, nous ne voulons pas conclure que l'art ne doive jamais fleurir aux États-Unis ; mais pour y arriver les Américains auront fort à faire : pour eux comprendre le beau et le simple dans l'art me paraît chose difficile. Je me ferais fort de faire des artistes beaucoup plus facilement avec des Indiens, d'après ce que j'en ai observé, qu'avec des Yankees. Si nous nous en rapportons à la tendance de leurs jeunes élèves qui viennent en Europe pour compléter leur éducation artistique manquée dès l'origine, ne les voyons-nous pas à la recherche de ce qu'il y a de plus faux, de plus maniéré, de plus subversif dans les arts ? où vont-ils ces jeunes gens d'outre-mer pour compléter leur éducation si mal commencée ? Ils se précipitent en délire sur les bancs de l'école des hommes qui auraient inventé la manière si elle n'avait existé avant eux.

Oui, je le répète, le plus grand obstacle que les Américains auront à vaincre, quoique très intelligents, pour comprendre les qualités sérieuses, éternellement belles, qui constituent une œuvre d'art, c'est leur trop grande confiance en eux-mêmes, c'est cet orgueil exagéré de leur propre mérite qui les empêchera toujours de voir avec cette naïveté, ce doute de tendresse qui est la moitié de l'intuition et du génie, qui est la sensibilité même, l'âme perceptible qui se fait sentir et vibre en silence, et qui se manifestait d'une manière intime dans le cœur de ces enfants sublimes de candeur, si pleins de modestie et d'amour, qui s'appelaient Raphaël et Mozart. Je dois dire que si à Londres j'eus fortement à souffrir du peu d'art, du mauvais goût du peuple anglais, etc., en Amérique, ce fut bien autre chose encore ; car le pays tout entier, dans sa forme comme dans ses proportions exagérées de grandeur, exclut l'idée d'art et empêche l'œil de l'embrasser d'un regard. Les lignes s'étendent si loin, qu'elles restent sans composition de lignes entre elles.

Il y a pourtant de beaux sites au Canada, dans les Alleghanys, sur la rivière du Nord ; la chute du Niagara est l'une des merveilles du monde; mais le milieu est si peu sympathique qu'il exclut l'idée de l'art. Là, il faut en prendre son parti, il faut, aux États-Unis, se faire ou planteur, ou marchand industriel, et, avant tout cela même, *spéculateur;* mais il faut renoncer à être un poëte ou un artiste dans ce pays.

Les États-Unis qui sont, au moment où nous écrivons ces lignes, le refuge des peuples, le boulevard de leurs libertés, n'existeront véritablement que lorsque la France, assise sur les bases indestructibles d'une grande république intellectuelle et morale, aura fait de Paris le centre reconnu, le foyer d'où rayonneront sur le monde entier toutes les connaissances humaines arrivées à leur dernier degré de développement; lorsque Paris enfin, devenu la véritable Athènes moderne, sera franchement accepté par tous les peuples comme l'initiatrice généreuse et fortunée du genre humain, en fondant la véritable aristocratie, celle de la vertu et du talent.

Telle doit être, dans notre rêve d'avenir, la destinée de Paris. En attendant, on ne peut nier un progrès réel, un état supérieur aux États-Unis dans la possibilité pour tous d'arriver à tout. La candidature de M. Frémont à la présidence en est la meilleure preuve. Enfant perdu dans ce nouveau monde immense, quoique chétif en apparence, à force de volonté, de courage et d'activité, il a pu sortir de la foule de ces hommes si pleins d'énergie pourtant ; et cela, parce qu'il a trouvé ce que trouvent en naissant tous les enfants en Amérique, des écoles gratuites à tous les degrés, une société qui ne vous demande pas le nom de vos ancêtres, d'où vous sortez, mais bien ce que vous valez... C'est à cette forte éducation morale des femmes américaines, exemptes de nos préjugés d'Europe, que le jeune Frémont dut son mariage avec l'une des plus charmantes femmes de l'Union, jeune et belle, et des plus instruites, la fille du sénateur Benton... Ce mariage serait pour nous, Français, ce que serait le mariage d'une Montmorency avec un enfant trouvé; on crierait au scandale... Aux États-Unis, on raconte tout bonnement que la fille du sénateur Benton, depuis cinquante ans à la tête des hommes politiques de l'Union américaine, l'ami de

Washington et du général Jackson, a épousé un petit aide-ingénieur du nom de Frémont, et tout est dit.... Car aux États-Unis les filles se marient sans dot, et en France on marie les filles dotées : différence essentielle, dont le résultat est de faire un peuple d'hommes libres, ou bien de faire un peuple de fonctionnaires, un peuple de courtisans.

Sans vouloir ici donner raison au Sud contre le Nord, dans la question si brûlante de l'esclavage aux États-Unis, je dois consigner ce fait observé par tout homme non illuminé, ni non plus intéressé matériellement à la question : je veux parler de l'infériorité relative de la race noire. Ce n'est pas une raison pour la traiter durement, cette pauvre race noire, avec la cruauté relevée par madame Becker-Stowe et par des gens qui posent saintement aux yeux du public ; et qui chez eux, dans le Nord, sont mille fois plus cruels dans la vie habituelle avec leurs serviteurs, avec ceux qui les entourent, que les planteurs du Sud ne le sont généralement avec leurs nègres. Car, même au point de vue de l'intérêt, un maître qui a un bon nègre ne le céderait pas pour 50,000 francs. Je le demande, quel soin n'apporte-t-on pas à ce qui vaut pareille somme? sans parler des sentiments affectueux qui sont sans prix aux yeux de tout le monde. J'ai connu des dames du Sud qui étaient tellement attachées à certaines de leurs négresses, qu'elles auraient préféré tout, même la ruine, à être séparées de leurs négresses intimes, leurs meilleures amies... Il n'y aurait qu'un moyen, si la culture du sucre, du riz et du tabac le permet, comme nous n'en saurions douter, ce serait, en donnant la liberté aux esclaves, de les transporter en Afrique, où ils se gouverneraient entre eux à leur guise, selon leur nature et selon leur tempérament. Car si le progrès réel est un but sérieux, il ne faudrait pas risquer l'amoindrissement de la race blanche au contact de la race noire qui lui est très inférieure, quoi qu'on en dise. Séparez les deux races, et faites en sorte que chacune d'elles, dans la force de ses moyens, puisse rendre son maximum en faveur de l'humanité... tel est, tel doit être le dernier mot de cette intéressante question de l'esclavage, sur laquelle on parle beaucoup trop, et sans agir efficacement depuis trop longtemps.

Paris. — Imprimerie de L. MARTINET, rue Mignon, 2.

www.ingramcontent.com/pod-product-compliance
Lightning Source LLC
Chambersburg PA
CBHW070154230526
45471CB00002B/663